LE TESTAMENT DE DESCARTES

du même auteur
au **cherche midi**

La Maladie du roi, 2013.

Christian CARISEY

LE TESTAMENT DE DESCARTES

Roman

cherche midi

Vous aimez la littérature ? Inscrivez-vous à notre newsletter
pour suivre en avant-première toutes nos actualités :
www.cherche-midi.com

Direction éditoriale : Laurent Lemire

23, rue du Cherche-Midi,
75006 Paris.

«Peu à peu j'ai appris à discerner ce que toute grande philosophie a été jusqu'à ce jour: la confession de son auteur, des sortes de mémoires involontaires et qui n'étaient pas pris pour tels.»

NIETZSCHE, *Par-delà le Bien et le Mal*

Avertissement

La langue de Descartes n'est pas toujours facile d'accès. L'orthographe de l'époque est différente de la nôtre et certaines tournures sont aujourd'hui incompréhensibles.

Les éditeurs ont donc pris la décision de moderniser le texte afin d'en faciliter la lecture. Il en est de même des noms propres et plus particulièrement du nom des villes et de certains pays.

Cet effort d'adaptation aurait sans nul doute reçu l'agrément de Descartes dont l'une des ambitions était d'être compris par le plus grand nombre.

J'ai froid. Très froid. J'ai froid près de la grande cheminée dans laquelle un des domestiques de l'ambassade vient de rajouter du bois. La chambre est grande et humide. J'ai déplacé ma table de travail pour profiter du feu, mais les fenêtres laissent passer le vent. Dehors, les flocons dansent dans un ciel gris.

Ce matin, une fois encore, je me suis levé à cinq heures pour me rendre à l'audience fixée par la reine Christine. Les rues étaient désertes quand j'ai traversé Stockholm. Une neige sale recouvrait les trottoirs. J'ai pénétré dans le château par une porte de côté et j'ai patienté de longues minutes dans une sorte de boudoir où la reine a fini par me rejoindre.

Nous avons ensuite parlé pendant une heure. La reine aime ces rendez-vous matinaux pendant lesquels elle m'interroge sur les sujets les plus divers. Elle s'est mise en tête de monter un ballet et m'a demandé d'écrire quelques vers, ayant appris que j'aimais la poésie. Puis elle m'a posé des questions sur l'union de l'âme et du corps. C'est un sujet qui l'a toujours intéressée. Elle a du mal à comprendre comment ces deux substances peuvent interagir. Je lui ai de nouveau expliqué le rôle de cette petite glande située au milieu du cerveau et qui est le siège principal de l'âme. J'ai déduit son existence de façon logique, même si mes travaux d'anatomie n'ont pas encore permis de confirmer cette vérité.

Toutes les parties du cerveau sont doubles comme sont doubles nos yeux, nos mains, nos oreilles et plus généralement tous les organes de nos sens extérieurs. Or, à un instant donné, nous n'avons qu'une seule pensée des choses et il faut donc qu'il y ait un endroit où les images et impressions, envoyées par nos organes dédoublés, s'assemblent enfin. Cet endroit, c'est celui de cette petite glande.

J'ai décrit tout cela dans mon traité des *Passions de l'âme*, mais la reine n'est toujours pas convaincue par mes explications. Elle aurait souhaité continuer à discuter si les affaires de l'État ne l'avaient appelée à d'autres occupations. Il était sept heures trente du matin. Mon carrosse m'attendait et je suis rentré à la résidence de l'ambassade où je loge depuis quelques semaines. Un instant, j'ai pensé à me recoucher, mais j'ai craint de ne pas pouvoir dormir. Il le faudrait pourtant. Je sens mon corps s'affaiblir chaque jour par manque de repos.

Mes nuits sont agitées depuis que je suis arrivé à Stockholm. Des cauchemars me réveillent et je reste parfois plusieurs heures les yeux ouverts dans le noir. Je pense à la mort. Le couvercle du cercueil qui se ferme. La lente descente dans la terre humide du cimetière. Ces images me hantent. Je n'arrive pas à les chasser de mon esprit.

Et puis il y a ces rumeurs de complots qui sont venus jusqu'à mes oreilles. Les jésuites me détestent et plusieurs d'entre eux se sont mis en tête que je faisais obstacle à la conversion de la reine Christine. La reine est luthérienne, mais les légats du pape ont imaginé qu'elle pourrait embrasser la religion catholique. Si tel était le cas, ce serait une belle victoire pour Rome. Une revanche contre l'Église réformée qui sans cesse gagne du terrain.

Un des secrétaires d'ambassade est venu m'alerter. Il avait appris que les jésuites songeaient à me faire absorber du cyanure. Je crois qu'il exagère, mais après tout, depuis Socrate, le poison est un moyen facile pour se débarrasser des philosophes. Toutes ces intrigues sont pourtant bien inutiles. La conversion de la reine ne me regarde pas et nous n'avons jamais abordé cette question. Si jamais elle me demandait mon avis, chacun sait que j'ai toujours été fidèle à mon Église et à mon roi. Ma réponse ne ferait donc pas de doute. Dans tous les cas, ce projet de conversion se heurte à des difficultés qui dépassent de loin mes compétences. Je me tiens depuis longtemps à l'écart des agitations politiques et ce n'est pas aujourd'hui que je changerai de manière d'être.

Je ne serai bientôt plus là pour gêner les manœuvres de nos jésuites. La vie quitte peu à peu mon corps malade. J'aurais besoin de repos et d'un climat tempéré pour lutter contre l'infection qui me ronge. Le froid de Stockholm accélère cette forme d'engourdissement qui m'envahit. Je le dis avec tranquillité, même si la mort m'a toujours effrayé. Son idée me tourmente depuis ma plus tendre enfance et cette peur explique peut-être la façon dont j'ai conduit mon existence. J'ai mis toute mon énergie à construire un système philosophique qui repose sur des certitudes absolues. J'ai cherché la vérité avec passion car j'étais sans doute incapable de vraiment vivre. Aujourd'hui, pourtant, je mesure l'inutilité de ce que j'ai fait. La métaphysique n'est d'aucun recours.

« Philosopher, c'est apprendre à mourir », disaient déjà les stoïciens. Je sais maintenant que rien n'est plus faux. On n'apprend jamais à mourir et les livres de doctrine ne sont que des chimères dérisoires.

Plusieurs fois dans mes essais, j'ai raconté ma vie pour illustrer ce que je voulais démontrer. Dans le *Discours de la méthode*, j'ai ainsi retracé mon itinéraire et rendu compte de mes expériences. Ce récit était une fiction, mais certains ont été abusés. C'est pourquoi il me faut reprendre mon histoire et lui donner l'éclairage qu'il convient. Ce « testament » n'a pas d'autre ambition. J'espère simplement avoir assez de force pour aller jusqu'au bout de mon récit.

J'ai longtemps cru être responsable de la mort de ma mère. J'imaginais qu'elle n'avait pas survécu aux douleurs de ma naissance et que des fièvres l'avaient emportée alors même qu'elle venait d'accoucher.

J'étais un enfant souffreteux et je pensais que cet état était une punition et non l'effet d'une déficience congénitale. J'avais été, par ma venue au monde, la cause directe du malheur de ma mère. Durant des années j'ai porté cette culpabilité, et quand la nuit descendait, il m'arrivait de voir son fantôme qui traversait les airs et me tendait les bras. J'ai pourtant beaucoup prié afin de racheter mon péché. J'espérais que Dieu serait sensible à des prières d'enfant et que l'âme de ma mère trouverait refuge auprès de Lui. J'imaginais aussi par ce moyen me débarrasser de mes sinistres obsessions. Je n'y suis jamais vraiment arrivé et il a fallu que j'apprenne la vérité sur ma mère pour trouver un semblant de répit.

Ma mère est morte en couches, mais le drame est survenu tandis qu'elle mettait au monde un autre enfant. C'était un garçon qui aurait pu devenir mon jeune frère s'il avait survécu. Il est malheureusement mort le jour de sa naissance. J'avais un peu plus d'un an quand la tragédie s'est produite. J'étais donc trop jeune pour me rendre compte de ce qui se passait. Plus tard, saisissant sans doute des bribes de conversation ou des allusions que je crus dirigées contre moi, je me suis persuadé être responsable de la disparition d'une mère dont j'entendais dire qu'elle était une femme belle et douce qui aurait mérité un tout autre destin.

La vérité m'a ému quand je l'ai sue il y a quelques années. Ainsi ma vie a commencé sur un malentendu et j'ai mieux compris ce sentiment de malaise à l'égard du monde qu'il m'est souvent arrivé de ressentir. Je ne sais pas ce qu'il en aurait été si ma mère avait été là. À coup sûr, les choses eussent été différentes. J'aurais été mieux protégé. Moins rebelle à l'égard des croyances établies. Mais enfin, il ne sert à rien d'épiloguer. On ne refait pas sa vie. Elle est tracée une fois pour toutes sans possibilité de retour en arrière. Il faut donc s'en accommoder et ne pas regretter son passé.

Je suis né le 31 mars 1596 à la suite de mon frère Pierre et de ma sœur Jeanne. Mon père, Joachim Descartes, était conseiller au parlement de Bretagne. Je fus baptisé René en souvenir d'un aïeul et confié à une nourrice qui s'occupa de moi tout au long de mes premières années. Cette nourrice vit encore et j'ai pour elle le plus tendre attachement. J'étais un enfant de constitution fragile et, sans ses soins, je n'aurais jamais surmonté les périls de l'enfance. Je lui verse chaque mois un petit revenu qui lui permet de ne pas être dans le besoin. C'est une façon de régler ma dette à son égard. J'ai le souvenir de son odeur quand elle me prenait dans ses bras. Sa peau était laiteuse et j'aimais me réfugier contre elle. Elle était toujours là lorsque j'avais besoin de pleurer.

Mon père ne m'aimait guère. Ma faible constitution ne l'encourageait pas à s'attacher à un fils destiné à l'évidence à mourir jeune. Il était d'abord préoccupé par sa carrière et passait le plus clair de son temps à Rennes tandis que ses enfants restaient à Châtellerault, lieu de résidence de notre grand-mère.

Un moment, j'ai cru que mon père m'en voulait de la mort de ma mère et j'ai mis son attitude distante sur le compte d'une forme d'animosité dont j'étais l'objet. Je me trompais. Mon père n'avait à l'égard de ma mère aucune attache sentimentale et, quelque temps après sa disparition, il se remaria avec la fille du premier président de la chambre des comptes de Bretagne. Son ascension sociale se poursuivait. C'était là l'essentiel. Il était fier de lui et de sa nouvelle alliance.

Pour l'heure, j'étais un enfant renfermé, mais qui bénéficiait de l'amour des femmes qui l'entouraient. La toux chronique dont j'étais affecté m'obligeait souvent à garder le lit et l'hiver je restais enfermé à la maison. Je passais mes journées à jouer dans mon coin quand je ne priais pas Dieu pour le repos de mon âme. J'avais dit à ma nourrice que j'allais bientôt rejoindre ma mère et, en dépit de ses dénégations, je me préparais à répondre de mes péchés. J'implorais par avance le pardon du Créateur.

Une foi naïve m'habitait. J'étais trop jeune pour comprendre les choses de la religion et même si je savais que Châtellerault était une ville protestante alors que nous étions catholiques, il me semblait que l'essentiel était dans mes prières et que Dieu me regardait tout particulièrement sachant qu'Il aurait bientôt à m'accueillir près de Lui. Les guerres de religion qui avaient déchiré notre province comme d'autres régions s'étaient provisoirement calmées et nous vivions, entre l'Église et les réformés, un moment de paix voulu par le roi Henri IV. L'édit de Nantes garantissait à chacun la pratique de sa foi. Les communautés apprenaient à vivre ensemble et rares étaient les incidents qui venaient troubler l'ordre social.

Ce n'est que plus tard que je découvris les horreurs que la religion fait commettre aux hommes, et si j'ai tant aimé la Hollande, c'est pour y avoir trouvé un esprit de tolérance auquel je suis toujours resté attaché.

J'avais douze ans quand j'entrai au collège de La Flèche. Celui-ci avait été construit à la demande d'Henri IV et inauguré quelques années plus tôt. Les bâtiments étaient d'architecture classique. Ils entouraient trois grandes cours qui se succédaient et qui faisaient encore l'objet de nombreux travaux lorsque je rejoignis le pensionnat. Nous étions plus d'un millier d'élèves à suivre l'enseignement des jésuites qui consistait, pour les plus jeunes, à se familiariser avec les langues anciennes et la grammaire et pour les plus âgés à s'initier à la philosophie et aux mathématiques.

J'ai gardé un souvenir ambigu de ces années d'études. J'ai écrit dans le *Discours de la méthode* que j'avais un désir extrême d'apprendre, mais que « sitôt que j'eus achevé tout ce cours d'études au bout duquel on a coutume d'être reçu au rang des doctes, je changeai entièrement d'opinion. Car je me trouvais embarrassé de tant de doutes et d'erreurs qu'il me semblait n'avoir fait aucun profit en tâchant de m'instruire, sinon que j'avais découvert de plus en plus mon ignorance ».

En écrivant ces lignes, j'ai forcé le trait pour les besoins de la démonstration, mais il est vrai que, après plus de six ans passés à La Flèche, je ne savais plus que croire des différents sujets sur lesquels je m'interrogeais. La philosophie scolastique ne m'était d'aucun secours. La façon même de raisonner me paraissait confuse et je trouvais beaucoup d'arguments fallacieux dans la littérature des Anciens. Aristote et Thomas d'Aquin ne méritaient pas plus de respect que d'autres auteurs et si j'ai participé à de nombreuses disputes, j'ai très vite perdu le goût de ces joutes oratoires où l'habileté dialectique l'emportait sur la recherche de la vérité.

Au sortir de La Flèche, il m'était difficile de tenir quoi que ce soit pour certain et c'est avec amertume que je sentais le doute s'installer en moi. Les principes de la religion eux-mêmes m'apparaissaient sujets à caution, ce qui ne pouvait satisfaire mon esprit inquiet. J'avais soif d'absolu et refusais de me contenter de vérités approximatives. J'aurais pu sombrer dans le scepticisme ou l'athéisme, mais tel n'était pas le cas. Je refusais ces possibilités. J'étais persuadé, au contraire, d'arriver un jour à prouver l'existence de Dieu avec autant de clarté et de distinction que lorsque je démontrais les propriétés du triangle isocèle.

Je prends à dessein cette image de géométrie car la découverte des mathématiques fut pour moi un immense bonheur. Tandis que les croyances de mon enfance s'effritaient, je trouvais refuge dans la parfaite évidence des démonstrations que nous enseignait le père François. J'aimais ces longues chaînes de raison qui, partant des intuitions premières, permettaient d'assurer un savoir indiscutable. Enfin, je trouvais un sol solide sur lequel construire quelque chose de durable. Les mathématiques me consolaient de ces opinions diverses dont foisonnaient les ouvrages de philosophie et de morale. La beauté des démonstrations géométriques tenait à mes yeux à leur implacable logique.

Certains soirs de la semaine, le père François réunissait des élèves plus âgés que moi et les guidait dans ce monde encore neuf des mathématiques. J'avais demandé à faire partie de ce petit groupe et le père François avait accepté. Je participais donc à ces séances et celles-ci nous emmenaient parfois tard dans la nuit quand un problème résistait à nos assauts successifs. Je rentrais ensuite dans ma chambre tout excité par ce que je venais de vivre et je m'endormais avec la certitude qu'il existait une science d'un genre nouveau. Je rêvais de la découvrir.

À La Flèche, j'étais plutôt un bon élève, même si mes professeurs me soupçonnaient de céder un peu facilement à ce qu'ils appelaient « la dangereuse tentation de l'esprit critique ». Pour refréner cet élan qu'ils devinaient en moi, ils m'encourageaient à l'humilité et me mettaient en garde contre l'extravagance des temps modernes. L'orgueil était pour eux le pire des péchés. C'était lui qui avait perdu Adam et qui avait amené Dieu à le chasser du paradis. Les pères jésuites m'exhortaient à ne pas tomber dans le même genre d'erreur. Ils craignaient pour mon âme. Ils me parlaient de pénitence tandis que j'aspirais à la seule vérité.

Un de mes professeurs, dont le nom m'échappe aujourd'hui, me conseilla d'oublier un temps le chemin des bibliothèques et m'encouragea à profiter du grand air. Il me poussait à participer aux exercices physiques qui trouvaient place à côté de nos programmes scolaires. Je découvris l'escrime et je me mis à pratiquer cette activité de façon régulière. En quelques mois, j'atteignis un bon niveau. J'étais plutôt doué en la matière. Cela me fut utile plus tard quand je dus me battre en duel ou batailler contre des brigands.

Les soins de ma nourrice et la vie au collège de La Flèche me firent du bien. L'enfant maladif que j'avais été n'était plus qu'un mauvais souvenir et je réussis à guérir de ma toux et des problèmes respiratoires qui avaient perturbé mes jeunes années. Je n'étais pas très grand, mais j'étais devenu un adolescent assez robuste. Ma silhouette n'était pas pour déplaire et je montais bien à cheval. Ce sont sans doute les raisons qui amenèrent le père supérieur du collège à me compter au rang des élèves qui se rendirent au-devant du cortège apportant à La Flèche le cœur du roi Henri IV.

On sait que celui-ci fut assassiné le 14 mai 1610 par Ravaillac. La nouvelle se répandit dans le royaume comme une traînée de poudre et créa beaucoup de désarroi dans les régions. Henri IV était garant de cette paix intérieure que l'édit de Nantes avait instaurée en faisant reconnaître l'Église réformée et en instituant la liberté de culte. Sa mort résonnait comme un mauvais présage. Beaucoup craignaient le retour d'affrontements sanglants. Ils n'avaient pas tort. La France allait bientôt se déchirer. Les passions religieuses sont dangereuses car elles sont irrationnelles. Elles m'ont toujours fait peur et j'ai cherché partout à m'en préserver.

Henri IV avait souhaité, par testament, que son cœur soit transporté à La Flèche et c'est pour respecter ce vœu qu'un jour de juin 1610 nous marchâmes à la rencontre de la troupe qui descendait de Paris. Nous allions ensuite accompagner le cortège jusqu'aux grilles de notre collège. Le soleil brillait dans le ciel et nous avions revêtu des costumes d'apparat pour nous montrer dignes de l'événement. Nous vivions un moment historique. Les jésuites reçurent le reliquaire comme un gage de reconnaissance et décrétèrent que ce jour serait dorénavant chômé afin que chacun puisse fêter comme il convenait cette date anniversaire.

En 1615, je quittai le collège de La Flèche sans trop savoir à quelles études me consacrer. Mon père décida pour moi. Il me commanda de m'inscrire en droit et je gagnai la faculté de Poitiers où je restai plus d'un an à profiter de ma vie d'étudiant. Nous étions quelques-uns à nous réunir le soir dans les tavernes du centre-ville, nous demandant ce que la vie nous réservait. Il y avait là de jeunes poètes et des apprentis musiciens. Ils se rêvaient artistes. D'autres, au contraire, avaient choisi le droit pour s'établir et comptaient sur leurs parents pour trouver rapidement une charge. L'avenir nous appartenait et, pour tromper le temps, nous buvions du vin et plaisantions avec les serveuses dont certaines s'arrangèrent pour nous apprendre des aspects encore méconnus de la vie.

Évoquant mon enfance, j'ai écrit un jour à Chanut la confession suivante : J'ai aimé une fille de mon âge qui louchait, « au moyen de quoi l'impression qui se faisait par la vue en mon cerveau, quand je regardais ses yeux égarés, se joignait tellement à celle qui s'y faisait aussi pour émouvoir en moi la passion de l'amour, que longtemps après, en voyant des personnes louches, je me sentais plus enclin à les aimer qu'à en aimer d'autres, pour cela seul qu'elles avaient ce défaut ».

À Poitiers, j'ai ainsi rencontré une fille à la vue contrariée. Elle travaillait comme blanchisseuse dans la famille d'un lieutenant général et son frère faisait partie de mes condisciples. Il nous avait présentés un soir de fête et j'avais été aussitôt séduit. Elle avait des hanches larges, une belle poitrine, un visage ovale et des cheveux blonds noués en arrière. Mais c'était son regard qui m'avait d'abord intrigué. Elle avait une coquetterie dans l'œil droit qui brouillait les repères et quand je me trouvais face à elle, j'étais saisi d'un sentiment bizarre de perte d'identité. Une partie intime de moi-même m'échappait. Cette fille au regard louche introduisait de l'inquiétude dans ma vie.

Mes compagnons de fortune imaginaient sans doute que seuls ses atours m'attiraient, mais quand je la retrouvais le soir, c'était avant tout cette étrangeté du regard que je recherchais et non la chaleur de son corps et la douceur de ses caresses. J'ai toujours pensé à elle avec beaucoup d'affection et je l'ai beaucoup regrettée en quittant Poitiers. Le droit m'ennuyait et j'avais besoin de me distraire. J'ai vécu avec elle une belle histoire qui rendait l'université beaucoup moins insupportable.

Mes études me laissaient du temps et je continuais à m'intéresser aux mathématiques. J'entretenais avec le père François une correspondance régulière dans laquelle je lui faisais part de mes questions et lui soumettais les réponses aux problèmes qu'il me posait. C'était devenu un jeu entre nous. Le père François était en relation avec plusieurs savants et grâce à lui j'étais au courant des débats qui agitaient cette communauté.

Je regrettais cependant que les mathématiques ne trouvent pas plus d'applications pratiques et, de manière confuse, je commençais à imaginer cette science comme une sorte de modèle susceptible d'être appliqué à d'autres domaines de la pensée. Je songeais en premier lieu à la métaphysique et à la morale qui restaient des matières très disputées. L'histoire de la philosophie était un affrontement d'opinions qu'il était difficile de départager et cette situation n'était pas satisfaisante.

Je voyais peu mon père, mais chacune de nos rencontres me laissait un goût amer. Dans son esprit, ma carrière était toute tracée. Je serais magistrat. Mon frère Pierre cherchait une charge. Ma sœur Jeanne s'était établie en épousant le sieur de Crévis. Il ne restait que moi, dont les sautes d'humeur l'inquiétaient parfois. Il n'imaginait pas que je puisse lui désobéir et que mes rêves ne correspondent pas aux siens. En attendant, je terminai mon cycle d'études et fus reçu sans difficulté aux examens de baccalauréat et de licence.

Mes thèses de licence portaient sur le traitement des testaments selon les droits civil et canonique. À la demande de mon père, j'avais dédicacé ces travaux à mon oncle qui se trouvait être également mon parrain. Ce n'était pas un geste désintéressé. Celui-ci, en effet, était sans enfant et sa charge de conseiller au présidial de Poitiers était susceptible de me revenir. Mon père voyait loin. Il portait de grandes ambitions pour sa famille et l'honneur de son nom.

Je n'ai pas gardé d'exemplaire de ces thèses, mais je me souviens que l'exaltation naturelle de la jeunesse ajoutée aux défauts d'écriture de ma formation m'avaient fait adopter un style emphatique correspondant assez bien à ce que l'époque attendait. J'ai mis longtemps à me défaire de cette forme d'expression et à écrire simplement comme il convient à un esprit clair et droit.

Une fois ma soutenance réalisée, j'envisageai un instant de poursuivre mes études et de m'inscrire en doctorat. Mon père refusa. Il m'expliqua qu'il était temps de me trouver un office et de penser à m'établir. Je partis donc pour le Grand Ouest et partageai mon temps entre Rennes, où siégeait le parlement de Bretagne, la maison de ma sœur à Crévis et celle de Sucé où résidait la seconde femme de mon père. C'est là que j'ai appris à connaître mon demi-frère Joachim et sa sœur Anne alors âgée de six ans. J'ai aimé ces enfants et j'ai toujours eu avec eux des relations bien plus proches que celles que j'ai entretenues avec mon frère Pierre. Cela prouve, si besoin en était, la fragilité des liens de sang quand ceux-ci ne sont pas renforcés par d'autres sentiments.

Le 31 mars 1617, j'avais eu vingt et un ans. C'était une date importante car j'étais dorénavant majeur et je pouvais décider par moi-même de ce que serait ma vie. Les disputes avec mon père étaient de plus en plus fréquentes, mais j'étais décidé à lui résister. Je refusai de m'installer en Bretagne ou dans une quelconque autre région dans laquelle un office acheté m'aurait permis d'accéder au statut social rêvé par ma famille. « Tu es en train de tout gâcher, lançait mon père. Tu as pourtant un bel avenir devant toi. Tous mes amis conseillers le disent. Un jour, tu regretteras ton attitude et tu demanderas pardon. J'espère qu'il ne sera pas trop tard pour rattraper tes erreurs. Ton entêtement risque de te conduire à ta perte. »

Je dormais mal. Les cauchemars de mon enfance revenaient. Ils m'avaient laissé tranquille pendant quelques années, mais à nouveau je me réveillais la nuit avec l'impression d'étouffer. C'était comme si une main invisible se plaquait sur ma bouche et m'empêchait de respirer.

Dans mes nuits agitées, je voyais aussi s'avancer une ombre qui cherchait à m'entraîner vers les portes de l'enfer. Cette ombre avait les traits de ma mère. Elle avait le visage triste de quelqu'un qui a beaucoup pleuré. Je la regardais se pencher vers moi puis, tout à coup, elle souriait et je m'apercevais qu'elle n'avait plus de dents. Une langue de feu s'était logée dans sa bouche. Je me réveillais en sursaut et, dans le noir de ma chambre, il m'arrivait de pleurer tandis que les cloches au loin sonnaient le passage des heures.

Nulle part je n'ai raconté ces mauvais rêves. Ils montrent comment je vécus ces derniers mois passés en Bretagne. Mon père ne comprenait pas mes réactions. Il mettait ça sur le compte d'une forme de mélancolie dont il pensait jusque-là qu'elle ne concernait que les femmes. Il me demandait de me ressaisir et d'assumer mon rang social. J'avais un rôle à tenir et c'était ça le plus important.

Je sais qu'il consulta des médecins et il m'arrivait de trouver certains breuvages amers du fait des poudres qu'on y versait. Il s'agissait de décoctions de plantes et d'écorces séchées que mon père commandait chez des apothicaires. Je faisais mine de ne m'apercevoir de rien, mais je n'étais pas dupe. La médecine des charlatans m'amusait. Je n'étais nullement malade, mais j'avais l'âme inquiète. Je ne savais pas ce que me réservait l'avenir.

Ma sœur Jeanne était ma seule confidente, mais elle ne pouvait rien faire pour moi. Malgré tout, je trouvais auprès d'elle un soutien aimant qui me confortait dans mes réflexions. Je me préparais à rompre avec ma famille et mon pays. Une autre vie m'attendait ailleurs. L'heure des choix approchait et je n'avais pas envie de prolonger mes hésitations.

Par chance, ma mère m'avait laissé un petit héritage me permettant de vivre sans vraiment travailler. Je trouvai un accord financier avec mon père et me disposai à découvrir le monde. J'aimais les chevaux et l'escrime. J'avais soif d'aventures. L'Europe était en crise et la France n'offrait guère de perspectives. Je choisis le métier des armes, à la grande colère de mon père.

Autant l'avouer tout de suite, j'ai été déçu par l'armée. J'avais choisi de rejoindre les troupes de Maurice de Nassau qui étaient stationnées pour la durée de l'hiver dans la ville de Breda. Une trêve avait été conclue entre les Provinces-Unies et l'Espagne, mais de nombreuses escarmouches témoignaient de l'état de tension qui existait dans la région.

Les Pays-Bas étaient une possession espagnole, mais depuis le milieu du XVIe siècle l'Espagne était confrontée à de nombreux soulèvements de la part des habitants, qui refusaient la mainmise des Habsbourg sur leur territoire. Le conflit avait débouché sur une partition des possessions flamandes avec d'un côté les Provinces-Unies et de l'autre les États restés alliés à la couronne espagnole. Cette guerre avait naturellement pris un tour religieux dans cette Europe minée par l'opposition de l'Église et de la Réforme. Les protestants s'étaient regroupés dans les Provinces-Unies et les catholiques avaient choisi d'être fidèles aux Habsbourg.

Maurice de Nassau était d'abord un chef de guerre. Il était encore très jeune quand son père fut assassiné et se vit immédiatement proposer la présidence du Conseil d'État de l'Union. Il fut nommé ensuite stathouder de plusieurs provinces, conformément à la tradition qui voulait que cette fonction soit confiée à un représentant de la maison d'Orange-Nassau. C'est en tant que stathouder que Maurice de Nassau assuma ses responsabilités militaires et engagea le combat contre les Espagnols. Son génie militaire lui valut de nombreuses victoires et seul le traité d'Anvers conclu en 1609 contre son gré l'avait empêché d'obtenir une victoire complète contre les Habsbourg.

Ce traité d'Anvers était l'œuvre de Johan Van Oldenbarnevelt, qui exerçait alors la fonction de « grand pensionnaire » et qui souhaitait privilégier une sorte de paix des braves avec l'Espagne. Il avait intrigué auprès des différentes instances politiques et était arrivé à ses fins tandis que Maurice de Nassau continuait à guerroyer. Celui-ci fut donc mis devant le fait accompli et en garda une haine tenace à l'égard de Johan Van Oldenbarnevelt.

Quand j'arrivai à Breda, l'opposition entre les deux hommes était particulièrement vive et les officiers flamands espéraient bien que Maurice de Nassau prendrait sa revanche. Ce fut d'ailleurs le cas puisque Johan Van Oldenbarnevelt fut arrêté et exécuté quelques mois plus tard. Les affaires publiques laissent peu de place au compromis. Il faut être prêt à tout si l'on veut s'imposer en politique.

On pourrait s'étonner de m'avoir vu choisir l'armée de Maurice de Nassau et rejoindre ainsi des troupes protestantes prêtes à s'engager contre l'état catholique d'Espagne. Nous étions pourtant de nombreux Français à nous retrouver à Breda dans l'attente d'une reprise des hostilités. Notre choix tenait d'abord à la personnalité du stathouder qui venait de devenir prince d'Orange du fait de la mort de son frère Philippe-Guillaume.

Maurice de Nassau avait en effet réussi à battre un ennemi largement supérieur en nombre et bien mieux équipé que ses propres troupes. Pour ce faire, il avait mis au point une stratégie militaire tenant compte de la géographie si particulière des Pays-Bas. Ces paysages plats envahis par les eaux avaient vu naître de nombreuses fortifications et Maurice de Nassau avait fait développer et construire de nouvelles machines permettant aux troupes de se déplacer rapidement en dépit des rivières et des fleuves. Nous étions curieux de découvrir cet art militaire. Et puis la France était l'alliée des Provinces-Unies car elle était d'abord l'ennemie des Habsbourg.

Le roi Henri IV avait reconnu la république des Provinces-Unies dès 1596 et les protestants de notre royaume avaient tissé de nombreux liens avec les réformés des pays du Nord. La régente Marie de Médicis avait poursuivi la même politique et notre roi Louis XIII continuait de soutenir la patrie de Maurice de Nassau en dépit des protestations du pape qui aurait souhaité l'union des forces catholiques pour lutter contre l'influence de Luther et de Calvin.

Mais la France gérait ses priorités. Ce qui inquiétait notre royaume, ce n'était pas l'Église réformée, mais la puissance des Habsbourg. Il fallait par tous les moyens contenir la maison d'Espagne qui contestait nos frontières et qui rêvait de s'emparer d'une partie de nos territoires. La bataille spirituelle qui opposait catholiques et protestants ne laissait personne indifférent. Mais Dieu était loin et les affaires des hommes ne semblaient pas beaucoup l'intéresser. Nos rois préféraient prendre des précautions lorsqu'il s'agissait de préserver leurs intérêts. De ce point de vue, la république protestante des Provinces-Unies était une alliée de poids. Elle avait le mérite de détourner l'attention des Espagnols de nos propres frontières en les obligeant à rester mobilisés pour défendre leurs possessions du Nord.

Breda était une ville fortifiée située à une dizaine de lieues d'Anvers. J'y retrouvai donc, en ce début d'année 1618, l'armée de Maurice de Nassau qui avaient installé là ses quartiers d'hiver. La troupe était nombreuse et nous étions laissés à nous-mêmes en dehors de quelques exercices militaires décidés par les officiers. Pour m'occuper, je me replongeais dans mes livres de mathématiques et je m'abandonnais à l'escrime, à la lutte et aux longues parties de cartes. Les prostituées étaient présentes comme dans toute ville de garnison, mais aussi des voleurs de toutes sortes et des aventuriers dont les provocations déclenchaient d'incessantes bagarres auxquelles les soldats participaient volontiers.

J'étais venu à Breda avec l'illusion un peu naïve que j'allais me préparer à la guerre et donner un sens à ma vie. Je déchantais au fil des semaines. La troupe qui m'entourait était constituée d'hommes arrivés de tous les pays d'Europe. C'était pour la plupart des mercenaires qui étaient là pour l'argent. Ils avaient déjà connu la guerre et vivaient au jour le jour. Ils étaient sans attache, et je ne trouvais parmi eux aucun ami avec qui échanger et partager mes doutes et mes espoirs.

Je me repliai sur moi-même et passai le plus clair de mon temps en de longues marches solitaires qui m'amenaient parfois loin de Breda. Ma vie était pleine d'ennui et j'aurais sombré dans un profond chagrin si les hasards de l'existence ne m'avaient pas permis de rencontrer Isaac Beeckman dont les travaux ont si profondément marqué l'histoire des sciences.

Le 10 novembre 1618, je me trouvais dans le centre de Breda quand mon attention fut attirée par un groupe de personnes qui stationnait devant une affiche placardée sur un panneau de bois. Je me souviens parfaitement de ce jour. Il faisait beau et déjà froid. J'avais renoncé à participer à un tournoi d'escrime car des idées noires se bousculaient dans ma tête.

Je m'approchai par curiosité de ce petit attroupement et tâchai de lire l'affiche proposée aux passants. Je compris qu'il s'agissait d'un problème mathématique dont l'auteur attendait la solution, mais comme le texte était rédigé en flamand, je demandai autour de moi si quelqu'un était capable de le traduire en français ou en latin. J'avais pris quelques cours de flamand depuis que j'étais arrivé à Breda, mais cette langue continuait à me rebuter et j'avais peur de faire des contresens.

Un homme se proposa de répondre à mon attente. Il parlait parfaitement le latin et traduisit l'affiche sans hésitation. Il s'agissait bien d'un problème de mathématiques et après avoir remercié l'inconnu je lui dis que j'allais y réfléchir, mais que la question ne me semblait pas très difficile à résoudre.

L'homme me regarda avec étonnement. Je pense qu'il me prit pour un fou car je lisais dans ses yeux un amusement mal dissimulé. Il me dit qu'il s'appelait Isaac Beeckman et qu'il serait intéressé par la solution que je pourrais proposer. Il était lui-même mathématicien et il me donna son adresse à Breda en précisant qu'il était de passage dans cette ville pour quelques semaines.

Je pris congé et rentrai dans mes quartiers où je retrouvai la soldatesque en mal de divertissement. Le logement que j'occupais avec d'autres Français était vide. Je m'absorbai aussitôt dans le problème posé et, comme je le soupçonnais, j'imaginai assez vite une solution satisfaisante.

Dès le lendemain, je frappai à la porte d'Isaac. Une servante d'un certain âge m'ouvrit et m'accompagna jusqu'à une cour intérieure. Là, se trouvaient Isaac, son oncle et quelques hommes venus en voisins. Tous portaient de grands tabliers et avaient les mains tachées de sang. Isaac s'excusa de me recevoir ainsi mais un cochon avait été tué et il fallait se dépêcher de préparer la charcuterie. Dans une bassine, je voyais les abats attendant d'être travaillés.

Isaac se lava les mains et nous rentrâmes dans la maison de façon à être au calme. J'exposai alors la solution trouvée et je vis tout à coup disparaître les appréhensions de mon nouvel ami. Celui-ci reconnut le bien-fondé de mon argumentation, même s'il s'amusa à en contester certains points. Puis il m'interrogea sur d'autres sujets sur lesquels il était lui-même en train de réfléchir.

Je répondis volontiers et nous passâmes plusieurs heures à discuter de différentes questions dont Isaac me dit qu'elles faisaient partie des préoccupations de son petit cercle de savants. Je ne voulus pas passer pour ignorant et j'affirmai avoir déjà entendu parler de ces problèmes et être intéressé par leur résolution. C'était faux car depuis plusieurs mois je n'avais plus de contact avec le père François et ne recevais aucune information.

La nuit était tombée depuis longtemps quand l'oncle d'Isaac interrompit notre discussion. Les voisins étaient partis et l'heure était venue de passer à table. Ils m'invitèrent à partager leur repas, ce que j'acceptai avec plaisir. Nous pûmes ainsi, après dîner, reprendre nos échanges et rester à débattre de géométrie.

Cette soirée fut le point de départ d'une longue série de rencontres presque quotidiennes. Isaac donnait l'image d'un homme froid et distant, mais je découvris très vite que c'était une apparence trompeuse. Il était en vérité très timide et cherchait à se protéger. Il aimait les hommes, mais il éprouvait des difficultés à vivre au milieu d'eux. Il fallait du temps pour apprivoiser son âme.

Nous n'étions pas toujours d'accord entre nous, ce qui rendait nos échanges encore plus stimulants. Nos formations étaient différentes. Les mathématiques étaient mon domaine de prédilection, contrairement à Isaac qui était d'abord physicien. Il m'initia d'ailleurs à cette science dont je n'avais que des connaissances superficielles. Il me soumettait des problèmes variés et je passais de nombreuses heures à essayer de comprendre la chute des corps ou la spécificité des toupies.

Isaac était convaincu de la grande proximité de la physique et des mathématiques. Et tandis que nous nous amusions à résoudre nos problèmes, il me venait à l'esprit qu'il serait un jour possible d'unifier notre savoir. Le projet était ambitieux, mais j'imaginais bâtir une science qui permettrait de « résoudre toutes les questions posées sous n'importe quel ordre de quantités continues ou discontinues ». Cette idée n'était encore qu'une intuition et j'hésitais à en parler trop ouvertement. J'attendais d'étayer ma pensée.

On imagine cependant mon état d'exaltation. Mes rêves étaient toujours aussi agités, mais, au lieu des cauchemars habituels, j'étais maintenant habité de longues chaînes de raison grâce auxquelles je construisais mes déductions.

Mon ami Isaac m'avait prévenu qu'il n'était à Breda que pour quelques semaines. Il devait partir au mois de janvier et regagner sa ville de Middelburg située sur l'île de Walcheren. Aussi, pour la nouvelle année, je résolus de lui faire un cadeau et rédigeai un traité de musique que je lui offris. Dans ce petit ouvrage, j'évoquais le plaisir que l'âme éprouve au contact des harmonies. Mais là n'était pas l'essentiel. Ce qui m'importait, c'était de comprendre ce qu'il en était des consonances et des rapports mathématiques qui s'exerçaient entre elles. Je cherchais à exprimer de manière scientifique l'idée de proportion qui préside au bonheur des sens.

Ce traité de musique n'avait pas vocation à être connu. Les idées que j'y développais n'étaient pas suffisamment abouties et je subissais encore des influences diverses qui rendaient cet écrit d'un intérêt contestable. Il était simplement le témoignage d'une amitié sincère. Cet ouvrage a pourtant été rendu public.

Des années plus tard, en effet, Isaac brisa la confiance que j'avais placée en lui. Il fit circuler cet opuscule de jeunesse et prétendit en être l'inspirateur. Il est vrai que, entre-temps, j'avais acquis une certaine notoriété. J'ai pris pour de la trahison ce qui n'était sans doute que vanité de sa part. Il n'a pas résisté à l'idée de montrer l'ancienneté de nos liens. C'était une faiblesse bien humaine, mais je rompis brutalement avec lui.

À sa mort, j'ai déclaré que celle-ci m'était indifférente. C'était bien sûr excessif, mais je n'étais pas en mesure de lui pardonner. Isaac Beeckman avait changé ma vie. Il avait éveillé en moi le goût de la recherche tandis que je cédais à l'oisiveté. Il n'avait pas le droit de me décevoir. Notre amitié méritait d'être exigeante.

Quoi qu'il en fût, le départ d'Isaac de Breda créa un grand vide en cet hiver 1619. Je lui avais promis de m'attaquer à différents problèmes de géométrie et me lançai à corps perdu dans le travail. Je ne sortais presque plus de mon logement et supportais de moins en moins d'autres présences autour de moi. J'écrivais à Isaac de longues lettres et restais des heures à ma table à refaire des calculs. Je mangeais à peine et prenais le matin tout juste le temps de me laver. J'étais pressé de retourner à mes études.

Ce rythme m'épuisa bien vite. J'attrapai froid et gardai le lit une dizaine de jours. Je grelottais dans des draps pourtant trempés de sueur et j'appris ensuite que j'avais déliré plusieurs nuits durant. Je sortis anxieux de cette crise. J'avais beaucoup maigri. Je me sentais fatigué et en plein désarroi. J'avais besoin d'aide et décidai de m'embarquer pour Middelburg afin de retrouver Isaac.

Le voyage fut long et éprouvant, mais, en arrivant sur l'île de Walcheren, j'appris qu'Isaac était parti depuis plusieurs jours et qu'il se trouvait quelque part sur le continent. Je retournai donc à Breda et affrontai en chemin une violente tempête. Je crus mourir, mais je me souviens d'avoir regardé la mer avec une sorte de soulagement. Je n'avais plus goût à la vie et ce jour-là tout m'était indifférent.

Finalement notre bateau résista et nous pûmes accoster sans trop de dommages. Je regagnai Breda, mais cette ville m'était devenue odieuse. Il me fallait changer d'air. Un officier me parla du couronnement de l'empereur Ferdinand qui devait avoir lieu à Francfort quelques semaines plus tard. Je n'hésitai pas. Je fis comme cela m'est ensuite si souvent arrivé : je partis sans attendre, comme si la fuite aidait à régler les problèmes. Je commençai ici une longue vie d'errance qui allait m'amener un jour jusqu'à cette ville sinistre de Stockholm.

Je quittai donc Breda avec quelques compagnons afin d'éviter de me retrouver seul sur les routes d'Europe. Très vite, je me félicitai de cette prudence car nous fûmes attaqués à plusieurs reprises et nous dûmes faire usage de nos épées pour défendre nos vies. Les brigands recrutaient chez les soldats démobilisés et ils se déplaçaient en petits groupes pour piller les villages. Les populations étaient affamées. Des épidémies se propageaient sans tenir compte des frontières et frappaient indistinctement les catholiques et les protestants. La pauvreté régnait partout tandis que se préparait une nouvelle et terrible guerre.

L'Europe allait connaître une période sanglante durant laquelle chacune des grandes puissances essaierait de l'emporter sur les autres. La diplomatie avait échoué. Elle laissait place aux conflits. Les bruits de bottes se répercutaient à l'horizon. Ils annonçaient les prochaines hostilités.

Les peuples étaient prêts à mourir et les rois avaient besoin de gloire.

De son côté, l'Église romaine cherchait à prendre sa revanche. Les protestants étaient l'ennemi désigné, mais ils étaient décidés à défendre leurs croyances et leurs États. Aucun dialogue n'était possible. Les deux camps étaient convaincus d'avoir Dieu de leur côté. C'était un argument décisif. La boucherie pouvait commencer.

Sur le plan politique, la situation était très confuse. En 1617, l'empereur Matthias, qui réunissait sur sa tête les couronnes d'Autriche, de Bohême et de Hongrie, avait choisi comme héritier Ferdinand, archiduc de Styrie. Celui-ci était un fervent catholique et son élection comme roi de Bohême avait été contestée par les protestants. Ceux-ci craignaient des mesures de rétorsion visant à rendre difficile l'exercice de leur culte. Ils n'avaient pas tort. Ils commencèrent alors à s'agiter et, le 23 mai 1618, une délégation se rendit à Prague pour protester contre la fermeture de plusieurs temples. La rencontre tourna à l'affrontement. Deux gouverneurs habsbourgeois et un de leurs domestiques furent jetés par une fenêtre.

Je n'ai jamais réussi à savoir ce qui s'était passé exactement. Certains racontent que les trois hommes tombèrent sur un tas de fumier et qu'il y eut ce jour-là plus de peur que de mal. D'autres affirment qu'ils furent tués sur le coup en s'écrasant sur le sol. Dans tous les cas, cette défenestration est considérée comme étant à l'origine de ce qui deviendrait la guerre de Trente Ans.

La Bohême était décidée à secouer le joug des Habsbourg et à se rebeller contre le roi Ferdinand. Les armées se préparaient, mais, avant que n'éclate le conflit, l'empereur Matthias devait mourir, nécessitant ainsi une élection à la tête du Saint Empire romain germanique. Ferdinand était le successeur désigné et c'était aux fêtes de ce couronnement que j'avais l'intention de participer.

Pour autant, la Bohême n'avait pas dit son dernier mot. Elle essaya de faire élire un autre candidat et, devant l'échec de cette tentative, elle décida de ne plus reconnaître Ferdinand comme roi légitime et de le déposer. La Diète de Bohême proposa alors la couronne à Frédéric V, électeur palatin, qui avait l'avantage d'être protestant. La guerre devenait inévitable et elle tourna à l'avantage de Ferdinand dont les troupes remportèrent, le 8 novembre 1620, la victoire de la Montagne Blanche près de Prague. Une terrible répression s'abattit sur le pays et Frédéric V dut s'exiler en compagnie de sa famille.

Je raconte tout cela pour rappeler combien nous vivions des temps troublés, mais aussi parce que toutes ces histoires ont eu plus tard des répercussions directes sur ma vie. Au début des années 1640, je rencontrai en effet la princesse Élisabeth de Bohême, fille de Frédéric V, dont la beauté et l'intelligence me séduisirent aussitôt. Elle était d'humeur mélancolique et toute sa vie elle laissa paraître une grande tristesse. Pour essayer d'échapper à ce mal de l'âme, elle se passionna pour les mathématiques et la philosophie et quand je fis sa connaissance, je fus frappé par l'exigence de son esprit et la hauteur de ses vues.

Nous nous sommes beaucoup fréquentés et nous avons beaucoup correspondu. C'est pour elle que j'ai écrit la première version des *Passions de l'âme* et j'attends toujours avec impatience les lettres qu'elle continue de m'envoyer. Je parlerai d'elle plus tard car elle a été l'une des rencontres les plus importantes de mon existence.

En attendant, Francfort était en fête et je pris plaisir à participer aux réjouissances du couronnement. Je logeais chez l'habitant et je passai ainsi les mois de juillet et août à m'amuser en compagnie d'autres Français venus également des Provinces-Unies. Je renouai avec le jeu et les nombreux divertissements de la ville. Nous étions jeunes et avions l'avantage d'être sans souci matériel. La vie n'était pas très chère et nous avions de l'argent pour subvenir à nos besoins.

Nous cherchions aussi à nous distraire car nous savions qu'un jour ou l'autre nous serions rattrapés par les préparatifs de la guerre. Nous en parlions peu, mais elle était présente dans nos esprits. Les batailles ne se font pas sans victimes et plusieurs de ceux que j'ai connus à Francfort ont perdu la vie dans les premiers combats.

Un soir, un de mes compagnons me parla d'une armée que le duc de Bavière était en train de former afin de lutter contre Frédéric V. Je commençais à être fatigué de mon existence quotidienne et j'étais sans projet particulier. J'avais abandonné mes travaux de mathématiques et, en dépit des promesses que je m'étais faites, je n'avais pas écrit à Isaac depuis plusieurs semaines.

J'étais souvent triste sans raison particulière et une forme de lassitude envahissait mon âme. La nuit j'avais des impatiences dans les jambes qui troublaient mon sommeil. J'allumais alors mes bougies et je marchais de long en large dans la chambre en espérant calmer mes agitations. C'était généralement peine perdue. Je finissais par me recoucher et restais ensuite les yeux ouverts jusqu'au petit matin. Puis je me levais, le corps lourd d'une immense fatigue. Une nouvelle journée pleine de découragement commençait.

La perspective de la guerre m'attira ainsi comme une nouveauté. C'était un moyen de couper court à l'ennui. J'avais besoin de me sentir vivre. J'imaginais l'odeur du sang et de la poudre, les campements boueux, les veillées d'armes, les batailles rangées contre l'ennemi, l'uniforme doré des officiers, les brumes de l'aube, les chevaux hennissant dans les bois. Je m'étais préparé à combattre dans l'armée protestante de Maurice de Nassau et je gagnais maintenant les rangs catholiques de Maximilien de Bavière. Le destin me faisait changer de camp, mais je pensais que c'était sans importance. Seule l'aventure comptait.

Je quittai Francfort sans regret et remontai vers le nord de la Bavière pour rejoindre les troupes qui s'y regroupaient. Mais le froid tomba tout à coup et la neige m'obligea à m'arrêter. Je me trouvais dans la principauté de Neubourg. La guerre était remise à plus tard. Je posai mes bagages chez l'habitant et m'apprêtai à passer un hiver de dégoût et de contrariétés. Je ne savais pas encore que ma vie allait bientôt basculer.

Le lendemain de mon arrivée à Neubourg, je fis la connaissance d'un homme dont je tairai ici le nom. Il est encore en vie et je ne voudrais pas lui attirer des ennuis si cet écrit tombait entre de mauvaises mains. Je me contenterai de le désigner par ses initiales : R. L.

Cet homme était un alchimiste qui appartenait à la société des Rose-Croix. Il avait vécu à la cour de Heidelberg où il avait fréquenté de prétendus savants venus de Bohême qui l'avaient initié aux mystères des sciences occultes. Il s'était également lié d'amitié avec des astronomes réputés et connaissait assez bien les travaux de Tycho Brahé et de son assistant Johannes Kepler.

La cour de Heidelberg était celle de Frédéric V, l'électeur palatin dont j'ai déjà parlé. Il avait réuni autour de lui toute une compagnie de philosophes, de savants et de médecins au milieu desquels se mêlaient des charlatans divers qui prétendaient lire l'avenir dans les étoiles et connaître le secret de la distillation des plantes et des racines.

Je ne sus jamais pourquoi R. L. était parti de Heidelberg, mais je compris que son départ avait été précipité et j'en conclus qu'il avait été convaincu de magie noire ou de sorcellerie. Il avait trouvé refuge à Neubourg grâce à des réseaux familiaux parmi lesquels figurait le conseiller d'un prince.

Ma rencontre avec R. L. s'était faite par l'entremise d'un père jésuite avec lequel je m'étais entretenu de mathématiques. R. L. était plus âgé que moi mais nous avions de nombreux points communs et très vite se noua entre nous une véritable complicité. Un soir où la nuit était particulièrement claire, nous regardions le ciel quand une étoile filante laissa une trace scintillante au-dessus de nous. La conversation dévia sur l'astronomie et R. L. fit pour la première fois une allusion à l'ordre des Rose-Croix.

Je connaissais, sans les avoir lus, les ouvrages communément appelés *Fama Fraternitatis* et *Confessio Fraternitatis*, qui étaient présentés comme des manifestes de cet ordre secret. Je connaissais également l'existence d'un curieux livre, paru à Strasbourg quelques années plus tôt, et intitulé *Les Noces chimiques de Christian Rosenkreuz*. R. L. les possédait dans sa bibliothèque et il me laissa les consulter quand j'en exprimai le souhait.

La volonté des Rose-Croix de régénérer notre vie spirituelle ne m'intéressait guère. Les polémiques religieuses m'inquiétaient toujours. Je trouvais d'ailleurs leurs critiques exagérées et assez peu argumentées. Leur défense d'une vie évangélique et leur vision très personnelle de l'Église allaient très vite les faire accuser d'hérésie.

Je me méfiais également de leurs références constantes à l'œuvre de Paracelse, qui traduisait un goût prononcé pour l'astrologie et l'alchimie. R. L. me parlait souvent des qualités secrètes des métaux et des plantes. Il en utilisait un grand nombre pour la confection de médicaments et de poisons.

Il avait chez lui un petit atelier dans lequel se trouvaient les alambics servant à ses expériences. Il y passait beaucoup de temps à de mystérieux travaux. Je sais qu'il récupérait dans de petites fioles des substances huileuses qu'il mélangeait ensuite à des poudres d'écorces et de racines. Il faisait également fondre du cuivre et du plomb qu'il coulait dans des flacons de pierre. R. L. n'en disait pas plus. Il avait prêté serment. Il portait par ailleurs un talisman dont il affirmait qu'il avait été fabriqué des mains mêmes de Paracelse. Tout cela ne me paraissait pas très sérieux et, pour tout avouer, un peu bizarre.

Ce qui m'intéressait en revanche chez les Rose-Croix, c'était leur ambition d'une réforme universelle des sciences. Je pensais qu'elle rejoignait mes propres aspirations. L'oisiveté à laquelle me condamnait l'hiver m'avait fait reprendre mes travaux de Breda. J'avais résolu certaines difficultés géométriques auxquelles nous nous étions heurtés avec Isaac Beeckman et, à nouveau, mes réflexions me portaient sur la nécessité d'une unité des sciences.

Je cherchais à construire un système cohérent dans lequel nos différents savoirs convergeraient. J'en parlai avec R. L., qui me dit être prêt à travailler avec moi. Il me proposa aussi d'adhérer à l'ordre des Rose-Croix et de bénéficier ainsi du soutien de ses membres. Il me livra quelques noms et je découvris à cette occasion un réseau d'hommes et de femmes dont je mesurai la puissance. Il y avait parmi eux des savants connus, des grands du royaume et même quelques prélats qui menaient une double vie.

Je déclinai cependant la proposition. Mes recherches avaient peu à voir avec la démarche des Rose-Croix et je n'aimais guère cette idée de société secrète. Mon caractère prudent aurait pu me porter vers cette confrérie qui m'offrait de vivre caché, mais le rite de l'ordre me faisait rire et je ne voyais pas l'intérêt d'échanger le protocole de nos sociétés contre un autre cérémonial tout aussi artificiel.

J'étais donc seul et me trouvais confronté à des impasses dont je ne voyais pas comment sortir. Je passais mes journées à réfléchir dans un « poêle » et à me demander si un jour je saurais trouver en philosophie des vérités aussi évidentes et solides que celles que j'admirais dans les démonstrations mathématiques. J'avais besoin de ces vérités pour me rassurer. J'étais toujours en proie à de vieilles craintes et je savais que mes inquiétudes d'enfant n'étaient jamais très loin. J'avais un peu moins peur de mourir, mais cela ne suffisait pas. J'étais parti loin de chez moi, mais j'avais emmené avec moi mes mauvais rêves et mes angoisses nocturnes.

La tension qui agitait mon âme m'empêchait souvent de dormir. Je travaillais beaucoup, mais comme je n'arrivais à rien, j'étais tenté de tout abandonner. Certains soirs, il m'arrivait de trop boire. Je m'asseyais à la table d'une taverne et trinquais avec des inconnus de passage. J'écoutais d'une oreille distraite leurs histoires de femmes ou de commerce et payais des tournées pour le seul besoin d'une triste compagnie.

L'état dans lequel j'étais m'inquiétait. Trop souvent, je me couchais avec de la fièvre et passais des nuits agitées. Qu'allait devenir ma vie ? Elle filait entre mes doigts comme un ruisseau d'eau claire. J'étais stationné pour l'hiver et j'attendais que la guerre éclate. Je n'avais pas d'autres perspectives. Je vivais un cycle infernal où les phases d'abattement succédaient aux moments d'exaltation. Parfois, j'étais convaincu que de grandes entreprises m'attendaient. Je me mettais à mon bureau et commençais à travailler. La plume courait sur le papier. Puis je doutais et tout devenait incertain.

La neige tombait toujours sur Neubourg. Le « poêle » était une petite pièce attenante à la cuisine dont mon logeur me laissait la libre disposition. Le 10 novembre 1619, j'étais resté à travailler toute la journée à ma table et j'étais monté me coucher assez tard après avoir avalé un simple bouillon. Contrairement à d'habitude, je m'endormis presque sur-le-champ. Aussitôt allongé, une impression de bien-être m'enveloppa, comme si mon corps venait d'évacuer la fatigue accumulée au cours des dernières semaines.

Je crus que j'allais faire une longue nuit, mais mon sommeil fut de courte durée. Un cauchemar rempli de fantômes et d'étrangers agita mes pensées. Je vis un collège qui était peut-être celui de La Flèche et une église vers laquelle je marchais afin d'y faire une prière. Le vent soufflait fort et je fus repoussé contre un mur extérieur. Je croisai ensuite un inconnu qui me donna un melon et me réveillai avec une violente douleur au côté gauche.

Il faisait très noir dans la chambre et je n'arrivais pas à chasser le souvenir de ce curieux rêve. Je réussis pourtant à me rendormir et cette fois-ci c'est un bruit terrible qui me réveilla en sursaut. J'avais l'impression que des étincelles de feu traversaient l'espace et je prêtai l'oreille, croyant entendre dans le lointain le roulement d'un tonnerre. Il n'en était rien. Tout était calme dans la maison et je décidai de chasser de mon esprit le souvenir de ces deux cauchemars.

Je sombrai à nouveau dans le sommeil et fus la proie d'un rêve beaucoup plus calme que les deux précédents. J'étais dans une pièce que je ne reconnus pas et j'avançais la main pour saisir un gros volume d'encyclopédie. Mais tout à coup, je me retrouvai avec un livre de poésie intitulé *Corpus poetarum*. Je l'ouvris au hasard et tombai sur un vers en latin qui posait la question suivante : « Quel chemin suivrai-je en la vie ? » Puis, comme dans mon premier rêve, je croisai un inconnu et voulus lui montrer le vers que je venais de lire. Je fus incapable de le retrouver, mais, à ce moment-là, je vis mon volume d'encyclopédie posé sur une table de travail. Je pris l'ouvrage et constatai qu'il était maintenant incomplet. Mon lit grinça, ce qui me tira de ce songe et me laissa à demi-endormi dans l'aurore qui se levait.

« Quel chemin suivrai-je en la vie ? », la question m'obsédait. Je me retournai plusieurs fois dans mon lit tout en sachant qu'il me serait impossible de me rendormir. Je restai ainsi assoupi et me demandai ce que ces rêves signifiaient.

Les deux premiers sonnaient comme une mise en garde à mon égard. La ronde des fantômes, le vent qui me jetait contre le mur, la foudre et les étincelles de feu, tout cela rappelait la faiblesse et la misère de l'homme. Ces rêves incitaient à la prudence et peut-être aussi à l'humilité. Je n'oubliais pas que nous avions été chassés du paradis pour avoir goûté au fruit défendu. L'arbre de la connaissance était un arbre maudit. La science offrait de vastes perspectives, mais la colère de Dieu était toujours à craindre. Je n'oubliais pas les leçons apprises au collège de La Flèche.

Toutefois, le troisième rêve m'apparaissait comme un encouragement. L'encyclopédie, ouverte entre mes mains, attendait d'être complétée. Mes travaux s'inscrivaient dans cette logique et l'idée d'une science moderne, débarrassée des naïvetés aristotéliciennes, pouvait plaire à Dieu. Il était géomètre, créateur de toutes les vérités et Il comprenait sans aucun doute notre curiosité scientifique. Il en était de même pour la métaphysique. On pouvait donc construire un système philosophique ayant la grandeur, la beauté et la solidité de nos cathédrales.

Dieu me rappelait les dangers de l'orgueil et m'incitait dans le même temps à poursuivre mes recherches. Ce message contradictoire me laissait songeur. Je ne savais que faire et pourtant il me fallait décider. « Quel chemin suivrai-je en la vie ? »

N'y tenant plus, je me levai et ouvris grand les rideaux de la chambre. Le jour avait du mal à poindre. Il faisait un temps gris et sale. Au loin, je devinais le toit d'un couvent que les jésuites étaient en train de construire. Il serait bientôt occupé par des religieux dont les chants répétés monteraient jusqu'aux cieux. Les cloches sonneraient pour appeler les habitants de la région au recueillement et, sous les voûtes du cloître, le frôlement des sandales se mêlerait au murmure des confessions.

J'aimais les moines et regrettais que ma foi ne soit pas suffisante pour me consacrer tout entier à la prière. Les monastères étaient des lieux fermés où chacun bénéficiait d'une douce protection. Mais si cette voie m'était interdite, c'est que j'étais sur terre pour une autre mission. J'ignorais laquelle, mais je décidai de quitter l'armée et d'en finir avec cette vie qui ne m'apportait guère de satisfaction. Dès le lendemain, je fis seller mon cheval et quittai Neubourg. Je partis sans me retourner, comme je l'avais fait à Breda. Cette fois-ci j'étais seul et le monde était à découvrir. Aussi, les années qui suivirent furent des années de voyages qui m'emmenèrent dans de nombreux pays d'Europe.

Je n'ai pas gardé le souvenir de tous mes déplacements. Une épidémie de peste avait été signalée en France et, par prudence, je pris du temps à regagner mon pays natal. J'en profitai pour m'arrêter à plusieurs reprises, et notamment à Ulm où régnait une intense activité diplomatique. Le hasard me mit en contact avec la délégation française qui venait d'arriver. Ses représentants étaient nombreux. Ils voulurent m'introduire auprès des ambassadeurs qui négociaient une paix fragile entre les États allemands, mais ce n'était pas ce qui m'intéressait. Des projets plus importants occupaient mes pensées. Je réfléchissais en effet à l'état de nos connaissances et commençais à entrevoir une méthode qui permettrait un jour d'assurer les principes de la science. Cette idée était encore très floue et j'avais besoin de temps pour la laisser mûrir. Je continuai donc mon voyage et profitai de mes rencontres pour découvrir les us et coutumes des différentes populations.

J'arrivai en Bretagne fin mars ou début avril 1622 et revis ma famille à cette occasion. Nos retrouvailles se firent sans débordements excessifs. Mon père ne comprenait pas la vie que je menais et trouvait suspect mon penchant pour les pérégrinations. Il avait renoncé à m'établir et avait reporté ses espoirs sur mon frère aîné et sur mon demi-frère. De mon côté, je me réjouissais d'être parti pour Breda quelques années auparavant. La grisaille de la vie provinciale et les tristes ambitions de mes frères suffisaient à me convaincre que j'avais fait le bon choix. Ma sœur elle-même, dont j'avais été si proche, avait fini par sombrer dans la routine familiale. Elle avait beaucoup perdu de sa joie de vivre. Ses traits s'étaient épaissis et je peinais à entretenir nos conversations.

On trouvera sans doute ces jugements peu charitables et peut-être même injustes. Je le reconnais volontiers. Après tout, ils ne semblaient pas malheureux et ma vie n'était pas meilleure que la leur. Il n'en reste pas moins qu'en les voyant j'avais l'impression d'étouffer. La ville de Rennes me semblait une grosse bourgade et à nouveau le fantôme de ma mère se mit à hanter mes cauchemars. Il ne fallait pas traîner.

Je réglai très vite quelques affaires et repartis pour Paris. Le premier jour, je ne fis que quelques lieues, mais cela suffit à me débarrasser d'un sentiment d'oppression qui se traduisait par des coliques répétées et de brefs étourdissements.

Ma réputation d'homme de science m'ouvrit sans difficulté les portes des salons. Il est vrai qu'il régnait à Paris une véritable effervescence propice à la recherche. Depuis des années, les libertins avaient conquis une partie des esprits. Ce mouvement était souvent blâmé car il affichait une façon de vivre qui déplaisait aux bigots. Mais les libertins s'étaient surtout attachés à promouvoir une grande liberté de pensée. Il n'était pas de sujet qui ne fasse l'objet de discussions et si je ne partageais pas certaines de leurs outrances, je n'en étais pas moins sensible à leur esprit critique. Ils manifestaient un grand intérêt pour la science et étaient curieux des idées nouvelles.

Bien sûr, Rome veillait et la Curie tentait d'organiser la contre-attaque. Elle réaffirmait la nécessité d'une stricte observation des enseignements religieux. Ce rappel à l'ordre était cependant difficilement audible car l'appétit pour la science avait gagné les rangs même de l'Église. Un nouveau monde était en train de naître et il était illusoire de s'y opposer. L'autorité des Anciens se fissurait et la philosophie d'Aristote se révélait incompatible avec les progrès du siècle. Des savants audacieux appelaient à une séparation de la science et de la foi.

Je parle librement, mais à l'époque je me suis tenu à l'écart des polémiques et j'ai su garder des amitiés chez les libertins et chez ceux qui les critiquaient. Je fréquentais aussi bien Guez de Balzac que le père Mersenne, qui resta tout au long de sa vie l'un de mes fidèles amis. Je pense à lui avec émotion et en écrivant ces lignes je me remémore inévitablement toutes ces années que nous avons traversées. Je ne sais pas ce que je serais devenu sans lui. Il a toujours été là dans les moments difficiles et c'est grâce à lui que j'ai évité bien des catastrophes.

Le père Mersenne était un esprit brillant et il avait le sens de l'obéissance. Il commença donc, à la demande de ses supérieurs, par écrire plusieurs ouvrages de combat. Il dénonça les dérives du libertinage et s'attaqua à l'athéisme des salons et à la dissolution des mœurs. Mais dans le même temps, il était passionné de science et il entretenait déjà une correspondance régulière avec de nombreux savants.

Mersenne prétendait que les mathématiques s'accordaient aux principes de la religion. La prière était compatible avec la curiosité scientifique et la grandeur de l'Église n'avait rien à craindre des avancées de la science. Les découvertes montraient l'incroyable complexité de l'univers dont la splendeur reflétait la puissance de l'Éternel. La nature parlait le langage des signes. Il suffisait de regarder pour comprendre la vérité de notre foi. L'homme était au cœur de la création. Il avait vocation à dominer le monde et à chanter la gloire de Dieu.

Mersenne affichait une confiance absolue dans le travail des savants, mais je me suis parfois demandé ce qu'il en était derrière cette assurance de façade. Il était trop intelligent pour ne pas deviner les risques à venir. Les progrès des géomètres remettaient en cause les dogmes de l'Église. Le doute minait peu à peu la croyance. C'était comme une falaise attaquée par la mer. Nos certitudes étaient ébranlées. Les astronomes évoquaient un Univers infini dans lequel il devenait difficile de voir l'empreinte de Dieu. L'athéisme ne se cachait plus et dans certains cercles il était de bon ton de se moquer de la religion.

Nous évoquions rarement ces questions avec le père Mersenne. Il était un homme de Dieu et je respectais son engagement. Mais pour moi j'étais persuadé que la foi n'était pas suffisante. Ce n'était pas en brandissant les Évangiles que nous réussirions à convaincre les sceptiques. Pour répondre aux libertins, il fallait s'appuyer sur la faculté de juger.

Un monde sans Dieu n'avait aucun sens. J'étais convaincu de cette évidence. Sans Lui, plus rien n'était garanti. La vie se transformait en hasard et nos vérités devenaient incertaines. La raison imposait donc Son existence. Il restait à en démontrer l'absolue nécessité. C'était ce à quoi j'employais mes réflexions métaphysiques, mais j'étais encore loin d'aboutir. Heureusement, il me restait le travail de la science qui m'apportait de grandes satisfactions.

Je profitai donc de ces mois à Paris pour me livrer à plusieurs expériences d'optique et pour étudier les problèmes de réfraction qui m'intriguaient depuis longtemps. Je nouai des contacts intéressants avec un groupe de savants et pris chaque jour beaucoup de plaisir à tester des hypothèses et à partager le résultat de mes observations.

La vie aurait pu durer ainsi, mais les nombreuses sollicitations auxquelles j'avais à faire face m'incommodaient et à plusieurs reprises je me surpris à répondre de façon désobligeante à certains de mes interlocuteurs.

Je me souviens d'un jeune étudiant qui avait eu le malheur de frapper un matin chez moi et que je fis patienter dans l'antichambre pendant plus d'une heure avant de lui signifier sèchement mon refus de le recevoir. Il avait pourtant une lettre de recommandation d'un de mes anciens condisciples de l'université de Poitiers. Il essaya de me convaincre en prétextant la longue route qu'il venait de suivre, mais le ton monta entre nous et j'appelai un de mes serviteurs pour le reconduire à la porte.

Ce jour-là, je fus pris de bouffées de chaleur et un médecin me conseilla le repos. Il m'encouragea également à changer d'air et à quitter la capitale pour quelque temps. C'était le genre de recommandations que j'étais prêt à suivre. Je fis de rapides adieux et choisis de partir pour l'Italie.

Je ne connaissais pas ce pays, mais j'en avais entendu beaucoup parler. Les liens avec la France étaient nombreux et passaient par des échanges commerciaux réguliers. Les universités entretenaient également des contacts étroits. L'Italie était facile d'accès et j'étais persuadé d'y trouver satisfaction. Le voyage s'annonçait bien. Il aurait dû m'apporter grand plaisir. Ce ne fut pas exactement le cas.

Je souffris de la poussière et de la chaleur et je découvris des villes bien trop bruyantes à mon goût. Je passai par

Venise et par Rome où les travaux de construction de la basilique Saint-Pierre étaient en passe de s'achever. Puis je fis un détour par Lorette où je m'étais promis autrefois de faire un pèlerinage et revins vers Florence où séjournait Galilée.

J'ai plusieurs fois affirmé que je ne l'avais pas vu même si certains ont douté de ma parole. J'ai même répété cette vérité au père Mersenne un soir qu'il me taquinait. Je redis donc que je n'ai eu aucun entretien avec Galilée. Ma tranquillité était à ce prix et j'ai le respect des autorités.

À Florence, toutefois, on me proposa d'organiser une entrevue. L'homme qui se chargeait de nous mettre en relation me garantissait toute discrétion. Il possédait un appartement à double entrée un peu à l'écart du centre-ville et m'assurait que nous ne serions pas dérangés. Galilée avait donné son accord de principe. Il attendait maintenant ma réponse. Je pris quelques jours pour réfléchir et déclinai l'invitation. Les risques étaient trop importants et je n'étais pas sûr de notre intermédiaire.

Galilée était à l'époque la cible régulière des représentants de l'Église. Il bénéficiait pourtant d'une grande protection de la part du pape Urbain VIII. Les jésuites ne lui pardonnaient pas sa critique d'Aristote dont la vision du monde était considérée comme seule compatible avec la Bible et plus particulièrement avec le texte des psaumes qui affirmait que notre planète était « ferme et immobile ». La théorie copernicienne d'une Terre en mouvement était donc inacceptable et c'était pour avoir refusé de se plier aux injonctions du Saint-Office que Galilée avait été condamné une première fois en 1616.

Au moment où j'arrivais à Florence, les relations entre Galilée et les jésuites ne s'étaient pas améliorées. Il est vrai que Galilée ne faisait rien pour faciliter les choses. L'Église était pourtant prête au compromis. Elle demandait à Galilée de modérer ses critiques et d'éviter d'attaquer le système des Anciens. En contrepartie, Galilée était libre de poursuivre ses travaux.

Cette façon de procéder aurait permis à chacun de sauver la face. Mais c'était sans compter le mauvais caractère de Galilée. Celui-ci refusait l'arrangement. Il répétait que le système d'Aristote était faux et qu'il n'y avait pas à revenir dessus. Il n'avait cependant toujours pas trouvé la preuve irréfutable du mouvement de la Terre. C'était la faiblesse de son argumentation et ses ennemis ne manquaient pas de le souligner.

Dans ces conditions, je n'avais guère envie de le rencontrer et d'apparaître ainsi comme l'un de ses partisans. Son intransigeance compliquait tout. Et puis il y avait autour de lui toute une petite cour hétéroclite dont je me méfiais énormément. Parmi ses proches se trouvaient de vrais savants, mais aussi des théoriciens un peu exaltés qui tenaient de drôles de discours sur Dieu et sur la nature de l'homme. L'Église les considérait à juste titre comme de dangereux hérétiques.

Je n'ai donc pas rencontré Galilée, mais aujourd'hui je regrette mon choix. J'aurais aimé discuter avec lui et l'entendre me parler de cet Univers infini dont il attestait qu'il était écrit dans la langue mathématique. Nous aurions eu beaucoup de choses à nous dire et je crois que notre dialogue, à l'abri d'un appartement florentin, nous aurait enrichis mutuellement.

Au lieu de cela, je retournai en France en passant par les Alpes. J'en profitai pour étudier ce curieux phénomène des avalanches dont beaucoup débattaient dans les salons. Nous étions à la période de la fonte des neiges et je m'entretins avec plusieurs montagnards qui avaient été témoins de ce genre d'événements. Puis je remontai par Poitiers et pris la route de Paris au début de l'été 1625. Je m'étais absenté presque dix-huit mois et je fus content, en arrivant dans la capitale, d'y retrouver tous mes amis. Je crois que cette joie était réciproque.

Une triste nouvelle m'attendait pourtant. J'appris la mort de Maurice de Nassau et j'eus l'impression qu'avec cette disparition une partie de mes rêves se détachait de moi. Le temps était passé et mon séjour à Breda me semblait déjà très loin. Depuis, j'avais vu beaucoup de pays et fait de nombreuses rencontres. J'avais découvert d'autres cultures. Ma curiosité s'était nourrie de mes voyages et je pouvais maintenant témoigner de la richesse du monde. La vie était multiple et chatoyante et chaque peuple portait sa part de vérité.

J'étais heureux d'avoir consacré tant de temps à traverser l'Europe même si à présent il me fallait tourner la page. Je n'avais pas oublié mes rêves de Neubourg et j'avais en tête de nouvelles idées. Ma jeunesse était bien finie. J'entrais dans une période nouvelle de ma vie.

Dans les salons, je fus reçu comme si j'étais parti la veille au soir et je repris les conversations là où je les avais laissées. Cela me produisit d'ailleurs une étrange impression. La vie mondaine a ses mérites, mais sa nature n'est que divertissement. Il faut éviter de s'y perdre sous peine d'être incapable de tout travail de réflexion.

Pour autant, je profitai des réceptions et assistai aux bals qui rythmaient les saisons. J'étais encore jeune et n'échappais pas à différentes provocations qui peuvent avoir lieu au cours de ces soirées. C'est ainsi que je participais à deux ou trois duels dont je sortis vainqueur sans trop de difficulté. À chaque fois, mes adversaires eurent la vie sauve, ce qui augmenta encore mon prestige. Il est plus difficile de battre un opposant en l'épargnant que de l'occire pour de bon.

À cette époque, j'eus aussi quelques aventures galantes qui ne furent pas pour me déplaire. Je me souviens notamment d'une femme aux cheveux blonds et aux yeux très bleus que je retrouvais dans son petit appartement situé près du Louvre. Elle répondait au nom de Marie de R... et avait le regard droit, contrairement à mon amour de Poitiers. Je découvris avec elle la douce tranquillité des soirées d'hiver. Fidèle à mon habitude, je restais tard au lit le matin et elle s'amusait à me voir travailler à demi allongé, l'écritoire posée sur mes genoux. Pendant ce temps, elle vaquait à ses occupations, qui consistaient pour l'essentiel à préparer sa toilette et à adresser de petits mots à ses nombreuses amies par lesquels elle colportait toutes sortes de rumeurs et de potins et s'inquiétait de sa propre réputation.

Le goût de la science ne m'avait pas quitté. Je logeais chez M. Le Vasseur, seigneur d'Étiolles, et profitais de mes journées pour entretenir ma correspondance et pour reprendre mes hypothèses d'optique et de géométrie. Cependant, je me sentais moins à l'aise pour travailler que lors de mon précédent séjour parisien. Je crois que si quelqu'un m'avait interrogé, il m'aurait été difficile d'expliquer ce sentiment. C'était une question de climat général. Partout où j'allais, j'avais du mal à retrouver cette liberté de pensée que j'avais tant aimée avant mon voyage en Italie.

Il me semblait que chacun se méfiait de l'autre. Les questions de théologie perturbaient la réflexion scientifique et dans les salons une prudence nouvelle interdisait de trop se découvrir. Là où j'avais connu beaucoup de légèreté et de curiosité, je retrouvais suspicion et conformisme. Cet état de fait ne me convenait pas. Je songeai à nouveau à partir sans que rien encore ne fût décidé. C'est le cardinal de Bérulle qui sans le vouloir me poussa à quitter Paris.

Un soir que j'étais chez le nonce du pape, je dus supporter la péroraison d'un inconnu qui prétendait réfuter la vieille scolastique empreinte des principes d'Aristote. Le projet n'était pas pour me déplaire, mais l'odieuse suffisance du personnage m'indisposa très vite. J'étais également agacé par l'impression que son discours avait sur l'auditoire. Ce n'était pourtant qu'un tissu de banalités. Des spéculations vides sans aucun intérêt.

À la fin de la conférence, le nonce me présenta l'orateur et souligna que j'avais moi aussi indiqué à plusieurs reprises la nécessité d'une nouvelle méthode en matière de philosophie. L'homme s'appelait Chandoux. Il était petit et gras et paraissait boudiné dans son habit. J'ajoute qu'il fut pendu quelques années plus tard pour une sombre histoire de fausse monnaie. On mesure ainsi la qualité de l'individu.

Il n'en restait pas moins que ses propos avaient été chaleureusement applaudis et quand plusieurs participants me demandèrent mon avis, je ne résistai pas au plaisir de démontrer l'inanité de ses affirmations. J'ajoutai que c'était moins le contenu du discours qui était critiquable que la façon dont les démonstrations étaient produites. Il fallait apprendre à bien conduire son esprit si l'on voulait tenir des conclusions irréfutables. La façon de penser était déterminante. Le petit groupe qui nous entourait m'approuva et très vite notre orateur abandonna la partie.

Plus tard, dans la soirée, le cardinal de Bérulle s'approcha de moi et me félicita pour avoir répliqué de belle manière au sieur de Chandoux. Je le remerciai et nous partîmes nous asseoir dans un coin du salon. Je connaissais mal le cardinal et me méfiais de cet homme qui passait pour un redoutable polémiste et un catholique intransigeant. Nous passâmes néanmoins un moment très agréable et, à la fin, il me convia à venir le rencontrer. Je me rendis à son invitation dès la semaine suivante.

Le cardinal me reçut dans son bureau et, après m'avoir interrogé sur une question de géométrie, il me demanda où j'en étais de cette fameuse méthode dont il avait entendu parler. Je lui répondis que j'y réfléchissais depuis déjà quelque temps, mais que pour l'heure je n'avais encore rien écrit.

Le cardinal sourit et m'enjoignit de me mettre au travail dès que possible. « Vous êtes un bon chrétien, dit-il, et vous ne sauriez déplaire à Dieu. Vos qualités sont des dons reçus du Créateur et vous devez les utiliser le mieux possible. Le doute s'immisce dans les esprits et si nous n'y prenons pas garde, il finira par tout emporter.

– Le doute est parfois nécessaire pour atteindre la vérité.

– C'est possible, mais je vois autour de nous trop d'impiété pour ne pas m'inquiéter. Vous devez nous aider dans ce combat. Il faut apprendre aux hommes à bien raisonner. Je suis inquiet de tout ce que j'entends. Des hommes comme Chandoux se multiplient dans les salons. Ils ont l'esprit brillant et souvent vide. Mais leur séduction agit comme un poison. L'Église ne peut pas tout. Elle a besoin d'aide. Ne perdez plus de temps. Dieu attend de vous que vous soyez à nos côtés.

– Votre confiance m'honore », répondis-je.

Je m'inclinai devant le cardinal et retrouvai mon carrosse qui m'attendait au coin de la rue. J'avais l'esprit préoccupé et, sur le chemin du retour, je décidai de m'atteler à la tâche. Jusque-là, j'avais toujours trouvé de bons prétextes pour garder par-devers moi mes pensées métaphysiques. Il était temps de les rendre publiques au risque d'être critiqué.

Dans les semaines qui suivirent, je pris mes distances avec les soirées parisiennes. Je passai à nouveau de longues journées dans la solitude de mon étude. J'entrepris de mettre de l'ordre dans mes idées et commençai à rédiger un opuscule que j'intitulai *Règles pour la direction de l'esprit.* Je ne réussis pourtant pas à l'achever et je mis cette difficulté sur les sollicitations dont j'étais encore l'objet. J'étais trop souvent dérangé par des visiteurs de passage qui venaient demander un avis ou chercher une recommandation pour eux-mêmes ou l'un de leurs proches.

L'appartement de M. Le Vasseur était de plus particulièrement bruyant et j'avais souvent du mal à me concentrer. J'entendais les bruits de la rue dès le petit matin et les cris des vendeurs se répercutaient tout au long du jour. J'avais besoin d'un environnement plus favorable pour conduire mon projet et décidai de quitter Paris.

La province ne m'attirait guère et partout en France je voyais croître l'intolérance religieuse. Les troubles entre catholiques et protestants se multipliaient. Rome était en lutte contre la Réforme et je n'étais pas sûr de l'accueil de mes écrits. Le cardinal de Bérulle voulait faire de ma méthode une arme contre les impies, mais ce combat n'était pas le mien. J'avais d'autres ambitions. Je voulais démontrer qu'il était possible d'atteindre la vérité dès lors que l'on acceptait de suivre l'ordre des raisons. Je n'étais pas au service de l'Église et je pressentais que le malentendu serait bientôt évident.

La guerre s'étendait partout en Europe. Nos rois s'affrontaient. Les armées s'entrechoquaient dans des corps-à-corps violents où le sang des soldats se mêlait à la poussière des champs de bataille. Tout ceci me faisait peur. Moi qui m'étais préparé à rejoindre les rangs de Maurice de Nassau et du duc de Bavière, je me demandais maintenant jusqu'où la folie des hommes était capable de les conduire.

J'avais besoin de me sentir protégé. Je me résolus alors à repartir pour les Provinces-Unies, qui offraient les conditions de paix que j'attendais.

J'ai appris hier soir que la reine Christine voulait me voir au plus vite. Depuis plusieurs jours, je me sens fiévreux, mais il m'était difficile de ne pas répondre à cette invitation. La reine m'a fait savoir qu'elle souhaitait que nous parlions des passions de l'âme. Elle veut comprendre ce qui déclenche le sentiment amoureux et s'est promis de m'interroger sur le sujet.

Je n'aime pas quand nous abordons cette partie-là de ma philosophie.

La première version de mon traité des *Passions de l'âme* a été écrite durant l'hiver 1645 à la demande de la princesse Élisabeth de Bohême et je sais que la reine est jalouse de cette relation. Il est vrai que j'ai manqué de diplomatie et que j'aurais dû minimiser le rôle de la princesse dans l'élaboration de ma pensée. Au lieu de cela, j'ai dit la vérité.

Quand j'ai commencé à entretenir des relations épistolaires avec la reine, je n'ai rien caché de mon attachement à la princesse et du bénéfice tout particulier que je retirais de nos entretiens. C'était une erreur de me dévoiler ainsi. À l'époque, cependant, je n'envisageais pas de me rendre à Stockholm et il me semblait important que la reine comprenne dans quel état d'esprit j'avais écrit *Les Passions de l'âme*.

Toute ma philosophie est basée sur une stricte séparation de l'âme et du corps. Ces deux substances sont d'essences radicalement distinctes et j'ai montré combien d'erreurs ont embrouillé l'esprit des savants pour n'avoir pas maintenu cette différence absolue. Pour autant, nous sommes des hommes et nous éprouvons chaque jour l'union mystérieuse de l'âme et du corps. Dans *Les passions*, c'est cette action réciproque que j'ai voulu étudier.

La princesse Élisabeth m'y a encouragé par ses questions, mais aussi par son état de santé. Son incessante mélancolie se traduisait par des troubles corporels et j'étais convaincu que ses vapeurs étaient liées à son immense tristesse. La princesse Élisabeth ne s'est jamais remise de la perte de son père et de cet exil sans fin qu'elle doit supporter depuis sa plus tendre enfance. Je l'ai toujours vue souffrante, mais je crois que ce que je lui disais des passions lui était agréable et l'aidait à mieux supporter les peines de son existence.

J'ai rapporté ces détails à la reine Christine et j'ai bien vu que cela l'agaçait. Dans ses moments de colère rentrée, elle pince les lèvres et un léger tremblement agite sa paupière droite.

La reine n'a jamais été jolie, au contraire d'Élisabeth de Bohême dont tout le monde connaît la grâce. Elle s'est entourée ici d'écrivains et de savants pour faire valoir la profondeur de son esprit. Elle prend ainsi sa revanche sur un corps trop maigre qui lui donne des airs de petit garçon.

Je regrette de m'être installé en Suède et je sens bien que ce séjour me sera fatal. J'ai longtemps hésité et il a fallu que la reine insiste pour me décider à venir. J'ai fini par céder, croyant que je trouverais à Stockholm la reconnaissance à laquelle j'aspirais et quelques avantages financiers qui me permettraient de sortir de mes difficultés matérielles.

La Suède est aujourd'hui une grande puissance et j'étais flatté de l'intérêt que la reine portait à ma philosophie. C'était pour moi une sorte de revanche. Les universités dédaignent ma méthode et je sais que de fausses théories continuent d'être enseignées. J'ai connu beaucoup de déceptions et j'ai subi mensonge et calomnie. Je méritais un peu de calme.

J'ai dépensé aussi beaucoup d'énergie à défendre la vérité. Je n'aime pas les polémiques, mais je me suis fait violence quand la situation l'exigeait. Dans leur majorité, philosophes et théologiens n'ont pas compris ce que je disais. Ils ont travesti mes propos et m'ont accusé de fautes imaginaires pour tenter de dénigrer mes écrits. L'âge aidant, j'éprouvais de la fatigue à batailler et la route de Stockholm m'est apparue comme le moyen de rompre avec toutes ces vilenies.

Avant de quitter Amsterdam, j'ai tenu à mettre de l'ordre dans mes papiers et à régler mes dettes auprès de mes créanciers. Je devinais peut-être que je ne reviendrais jamais.

J'ai classé toute ma correspondance et j'ai laissé à Louis Elzevier le manuscrit définitif des *Passions de l'âme*. Je compte sur lui pour l'imprimer et pour le diffuser ensuite le plus largement possible. À Paris, je sais que le père Picot s'occupera de faire connaître mon texte. Il saura aussi le défendre si ces messieurs de la Sorbonne le critiquaient trop injustement.

J'ai pris avec moi une grande malle dans laquelle j'ai entassé de nombreuses notes et plusieurs manuscrits inachevés. Certains remontent à ma jeunesse, mais d'autres sont l'œuvre de la maturité et j'aurais sans doute intérêt à y travailler de nouveau. Dans tous les cas, je souhaitais ne pas les voir s'égarer et c'est pourquoi je les ai emmenés en dépit de la charge qu'ils présentaient.

Le voyage d'Amsterdam était horriblement long, mais il s'est très bien passé. J'ai mis à profit la traversée pour me lier avec le capitaine du navire, qui m'a montré comment les marins se servaient de leurs instruments. En échange, je lui ai fait voir quelques problèmes d'astronomie et, la nuit venue, nous avons souvent regardé les étoiles sur le pont du bateau.

En arrivant à Stockholm, j'ai d'abord pensé que mes rêves se réalisaient enfin. La reine Christine m'a reçu presque aussitôt en audience publique. Nous avons eu ensuite plusieurs entretiens privés qui ont porté sur les points essentiels de ma philosophie. Elle s'est montrée très curieuse et j'ai noté avec plaisir qu'elle avait lu plusieurs de mes ouvrages. Puis la reine a voulu me présenter à ses familiers et j'ai senti alors que je n'étais pas le bienvenu.

La cour est un petit monde replié sur lui-même et chaque arrivant est un concurrent potentiel. La jalousie est partout présente et elle n'autorise aucune amitié réelle. L'intérêt manifesté par la reine à mon égard a suffi à me condamner d'entrée de jeu. Il y a quelque chose d'effrayant à voir s'agiter les courtisans.

J'ai souvenir de ne pas avoir aimé *Le Prince* de Machiavel. Je reprochais à l'ouvrage de justifier ce cynisme absolu qui permet de défendre l'injustice des États. Mais j'étais plus jeune et très innocent en matière politique. Il me faudrait relire le livre maintenant que je comprends comment fonctionnent nos gouvernants et leur entourage.

La reine ne prend guère de précautions à l'encontre de ses courtisans. Elle sait qu'elle peut tout exiger et très certainement tout obtenir. Je découvre des esprits brillants prêts à s'abaisser en échange de quelques concessions. Les ambitions s'affrontent dans un climat de violence qu'il est difficile d'imaginer de l'extérieur. Dans ces conditions, je vois mal comment trouver ma place auprès de la reine. Je n'ai plus beaucoup d'énergie et je ne résisterai pas longtemps aux intrigues de la cour.

Ce matin, je me suis levé tôt pour être à l'heure au rendez-vous fixé. Le château était caché dans les brumes.

J'ai patienté plus d'une heure dans une bibliothèque mal chauffée sans savoir à quel moment débuterait mon entretien. Puis un officier de la garde est venu m'annoncer que la reine avait un contretemps. Son visage se voulait impassible, mais j'ai vu le sourire qui se cachait derrière ses lèvres.

Je me suis fait reconduire jusqu'à ma voiture et je suis rentré chez mon ami Chanut. J'ai demandé une boisson chaude et je me suis remis au lit. Ce repos m'a fait du bien, même si je sens la fièvre qui court dans mon corps. Je reprends donc le récit de ma vie. Je n'ai pas de temps à perdre. Je lutte contre la maladie et j'ai encore beaucoup de choses à dire.

J'ai trouvé en Hollande ce que j'étais venu chercher. Je m'éloignais des lieux où j'avais des connaissances et revenais dans un pays « où parmi la foule d'un grand peuple fort actif, et plus soigneux de ses propres affaires que curieux de celles d'autrui, sans manquer d'aucune des commodités qui sont dans les villes les plus fréquentées, j'ai pu vivre aussi solitaire et retiré que dans les déserts les plus écartés ». Cette phrase, tirée du *Discours de la méthode*, traduit bien mon état d'esprit de l'époque.

Les Provinces-Unies étaient une contrée riche et dynamique. Le commerce et la banque apportaient une prospérité nouvelle et je profitais tout à loisir de mon incognito pour réfléchir et travailler sans craindre d'être dérangé. J'aimais ce pays où j'allais passer plus de vingt ans sans presque jamais en sortir. Pour autant, je n'ai jamais réussi à me fixer quelque part et j'ai sans cesse déménagé d'une ville à l'autre, incapable que j'étais de rester trop longtemps à la même place.

Je ne sais pas ce qui me poussait à bouger ainsi, mais très souvent, au bout de quelques mois, tandis que je commençais à goûter au plaisir de l'habitude, une force irrépressible me condamnait à rassembler mes affaires et à chercher à me loger dans un endroit nouveau. Ces déménagements successifs avaient l'avantage de préserver ma tranquillité, d'autant que le plus souvent je ne donnais pas mon adresse sauf à de rares amis au premier rang desquels figurait le père Mersenne.

Ce dernier me permettait en effet de rester en contact avec de nombreux savants grâce aux lettres qu'il me faisait suivre ou qu'il recevait de moi. C'est lui qui me tenait au courant des questions débattues dans les salons de Paris et qui m'indiquait les livres dont il pensait que leur lecture me serait profitable. Pour ma part, j'étais très éloigné de toute agitation mondaine, préférant la méditation solitaire aux débats du siècle. Ma bibliothèque était réduite au minimum et j'étais convaincu de trouver par moi-même les vérités qu'il me fallait chercher.

Je n'étais pourtant pas sans contact. À peine installé à Amsterdam, j'étais parti pour Dordrecht où résidait Isaac Beeckman. Nos retrouvailles furent chaleureuses. Isaac était curieux de découvrir le résultat de mes derniers travaux et pour ma part j'attendais avec impatience de connaître ses réactions. Nous retrouvions la complicité partagée à Breda. Isaac me fit rencontrer plusieurs de ses amis et je fus très vite intégré au sein de cette petite communauté.

Il me semblait toutefois que nous n'étions pas exactement préoccupés des mêmes réalités. Pour moi, la science avait besoin d'être fondée et c'était là tout l'enjeu de cette méthode promise au cardinal de Bérulle. À plusieurs reprises, j'avais évoqué ce sujet avec Isaac, mais je n'avais pas réussi à le convaincre de la nécessité de ma démarche. Isaac cherchait d'abord à résoudre des problèmes spécifiques et il n'avait que faire de réflexions métaphysiques dont il comprenait mal ce qu'elles pouvaient apporter à ses démonstrations mathématiques.

Un peu déçu, je retournai à Amsterdam et décidai ensuite de m'établir en Frise, tout au nord des Provinces-Unies. J'avais choisi la localité de Franeker dont l'université commençait d'être renommée, mais je ne voulus pas m'installer en centre-ville et louai quelques pièces dans un petit château des environs. Là, je continuai à travailler sur les *Règles pour la direction de l'esprit* dont la rédaction me donnait de grandes difficultés. J'éprouvais du mal à ordonner mes pensées. Je finis par abandonner provisoirement cet ouvrage et doutai de ma capacité à écrire quelque chose de satisfaisant. À cette époque, je ne réussis qu'à rédiger un petit texte dont je n'étais pas entièrement satisfait. Je gardai le manuscrit par-devers moi et n'en parlai qu'à de rares interlocuteurs.

Ces différents échecs auraient pu affecter mon moral, d'autant que je n'ignorais rien des rumeurs qui couraient sur mon compte à Paris. Mes ennemis s'amusaient de mon départ et trouvaient dans mon installation à l'étranger matière à plaisanteries. J'imaginais facilement leurs railleries et les jugements médisants qu'ils portaient à mon égard. Pour eux, ma méthode n'était qu'une mauvaise plaisanterie et ce qu'ils appelaient « ma fuite » était la preuve que rien de tel n'existait. Un jour ou l'autre, ils déchanteraient, mais, en attendant, je reconnaissais mon incapacité à formaliser clairement toutes ces pensées qui m'agitaient.

Par chance, j'arrivais à me distraire de mes idées noires en me livrant à des expériences d'optique et en m'intéressant de près à la taille des verres. Il n'y a rien de tel que le travail manuel pour focaliser son attention. J'essayais notamment d'améliorer la puissance des lunettes dans le but de mieux connaître le ciel et la composition de ses planètes. À la nuit tombée, j'aimais scruter les étoiles et je rêvais de ces astres inconnus qu'un jour ou l'autre nous finirions par découvrir. Il était cependant difficile de travailler seul.

J'écrivis donc à un artisan du nom de Ferrier et lui proposai de me rejoindre à Franeker. J'avais déjà travaillé avec lui et j'avais apprécié notre collaboration. Il était particulièrement doué dans le polissage et l'agencement des lentilles et je ne doutai pas que nos efforts communs me permettraient de résoudre mes problèmes d'astronomie.

Dans ma lettre, je lui vantais la vie en Hollande et lui dis que je l'attendais. Mais il refusa de venir. Sa réponse me blessa. Je n'avais pas imaginé que cela puisse se produire et j'avais déjà fait aménager une petite chambre pour l'accueillir. Je changeai donc mes plans et retournai à Amsterdam. C'est là que j'entrepris mes premières expériences de dissection.

Mes réflexions m'avaient persuadé que le corps était une machine parmi d'autres, même si j'en reconnaissais l'extraordinaire complexité. Aussi, plusieurs fois par semaine, je me rendais dans le quartier des bouchers et, après avoir assisté à l'abattage des bêtes, j'achetais différents morceaux que je rapportais chez moi afin de les étudier. Je prenais également de petits animaux que je faisais estourbir et que j'amenais encore vivants sur ma table d'opération.

Je m'intéressais en particulier aux mouvements du cœur et à la circulation du sang dont Harvey venait de donner une description. Ses écrits rompaient avec les théories jusque-là admises. Depuis Galien, nous pensions que le sang trouvait son origine dans le foie et qu'il nourrissait ensuite le corps de toute sa chaleur. Pour Harvey, au contraire, le cœur agissait comme une pompe et le sang circulait au rythme des battements de l'organe. Je ne partageais pas tout à fait ses conclusions, mais il me semblait que cette approche confortait ma représentation mécaniste du corps et méritait de ce fait toute mon attention. J'envisageai même un déplacement à Londres pour confronter mes intuitions à celles de Harvey.

Ce projet resta sans suite, mais, grâce à ces travaux pratiques, j'améliorai grandement ma connaissance du corps. Dans le même temps, je pratiquai plusieurs dissections de cadavres pour découvrir cette petite glande dont je pensais qu'elle était le point d'intersection de l'âme et du corps. Il fallait bien en effet imaginer un passage entre ces deux substances afin qu'elles puissent interagir l'une avec l'autre. J'examinai donc avec précaution des cerveaux d'hommes et de femmes dans le but d'étayer mon hypothèse. Je ne trouvai rien, mais je pris beaucoup d'intérêt à ces expériences. Elles me permirent d'oublier mon état de grande anxiété.

C'est dans ce contexte qu'intervint ma rupture avec Beeckman que j'ai déjà mentionnée ici. Je n'ai pas supporté qu'il se soit approprié les idées de mon *Traité de musique.* Ma colère toutefois avait aussi une autre raison. Elle trahissait ma déception de n'être plus compris par lui. J'éprouvais, c'est vrai, une grande amertume à constater que mon projet de philosophie nouvelle ne l'intéressait pas.

L'indifférence de Beeckman était partagée par d'autres savants avec qui j'avais évoqué ces sujets. Je n'avais guère obtenu de soutien de leur part. En réponse à mes questions, ils manifestaient une attention à peine polie. J'en tirai la conclusion que je devais avancer sans appui et que ceux qui doutaient de moi seraient un jour obligés de reconnaître leur erreur.

Cette certitude m'habitait, mais elle ne suffisait pas à me consoler. J'étais inquiet et triste et, dans mes rêveries matinales, le monde qui m'entourait perdait de sa consistance et j'avais la douloureuse sensation de n'avoir rien de solide à quoi me raccrocher. C'était comme si je marchais dans un paysage de brume et que les formes alentour disparaissaient dans des halos de fumée. Je me demandais si je n'étais pas en train de perdre la raison et me rassurais à bon compte en me répétant que les fous ne se posaient pas ce genre de question.

C'est à cette époque que je pris l'habitude de m'habiller de noir. Mes pensées s'embrouillaient et j'avais de grandes difficultés à me concentrer. Le père Mersenne m'exhortait dans ses lettres à lui faire part de mes travaux, mais je n'avais pas grand-chose à lui dire. J'étais dans une impasse. Mes réflexions métaphysiques ne débouchaient sur rien de satisfaisant. Je tournais en rond et j'entendais le ricanement de mes adversaires. Ils croyaient tenir leur revanche.

Je tombai malade à plusieurs reprises, comme si mon corps lâchait prise à son tour. Je gardais le lit toute la journée, me nourrissant de simples bouillons et sombrant souvent dans une demi-somnolence. Une dame s'occupait de moi. Elle avait le visage très ridé et des mains usées par les lessives. Je me souviens qu'elle était pleine de gentillesse et qu'elle se désolait de me voir dépérir. Elle m'obligeait à me lever sous prétexte d'aérer ma chambre et déposait sur mon bureau des assiettes de fruits frais. Elle pensait qu'ils me donneraient la force nécessaire à surmonter ma mélancolie.

Un jour, heureusement, une lettre de Reneri m'arriva. C'était l'un de mes meilleurs amis qui enseignait la philosophie à Deventer et qui serait ensuite nommé à l'université d'Utrecht. Je n'avais pas eu de ses nouvelles depuis longtemps. Il me parlait dans son courrier de travaux qu'il menait avec d'autres savants. Il essayait de comprendre des phénomènes naturels encore inexpliqués, mais il se heurtait à de nombreuses difficultés. Il avait besoin de mon avis et profitait de sa lettre pour m'interroger sur les couleurs de l'arc-en-ciel et sur des problèmes de réfraction pour lesquels il n'avait pas de solution. Ses questions rejoignaient certaines de mes préoccupations.

J'avais rencontré Reneri en 1629 et j'avais noué avec lui des liens très étroits. Nos croyances religieuses ne s'accordaient pas. Il s'était converti au calvinisme, mais, en dépit de nos différences, je me sentais en confiance avec lui. Je n'ai jamais hésité à lui confier mes pensées les plus secrètes.

Sa lettre me sortit de ma torpeur. Je laissai de côté mes interrogations philosophiques et m'attachai à nouveau à des expériences d'optique qui avaient l'avantage d'être concrètes. Je transmis ensuite à Reneri le résultat de mes travaux et lui proposai de venir en débattre avec lui. Il m'invita à le rejoindre à Deventer et j'acceptai. La seule perspective de ce séjour me donna une énergie nouvelle et je repris la rédaction d'un ouvrage que j'envisageais d'appeler *Le Monde* ou *Traité du monde et de la lumière.*

Le point de départ de celui-ci était la description des parhélies observées à Rome en 1629 par Reneri. J'avais gardé par-devers moi les documents de l'époque et je m'étais promis de revenir un jour à cette question.

Les parhélies sont des répliques du soleil que l'on peut voir, sous certaines conditions, de chaque côté de l'astre lumineux. Leurs apparitions sont liées à des phénomènes de reflet particulièrement intéressants à étudier. Ces événements permettent en effet de comprendre la nature de la lumière et la façon dont elle se diffuse.

Le Monde avait l'ambition de rendre compte des lois physiques qui gouvernent notre Univers. Je voulais montrer que la création, pour être comprise, n'avait pas besoin d'être remplie d'âmes et que, contrairement à ce que pensait Aristote, les mouvements qui animaient les corps n'étaient pas destinés à leur faire retrouver un quelconque « lieu naturel ». Le mouvement n'était qu'un état parmi d'autres qu'il convenait de décrire de manière précise. Il se produisait dans un espace indéfini et homogène qui n'avait rien à voir avec le cosmos hiérarchisé des Anciens.

Dans *Le Monde*, je traitais de beaucoup de choses très différentes. J'affirmais que le vide n'existait pas et que chaque intervalle était plein d'une « matière subtile » qui restait invisible à nos yeux. Son extrême légèreté créait l'illusion qu'il n'y avait rien. Je parlais aussi du Soleil, de la Lune, des étoiles et même des comètes qui traversent le ciel. Et puis je m'intéressais aux vivants et plus particulièrement à l'histoire des espèces et de leur évolution.

Je mesurais, bien sûr, la nouveauté et le risque de ma démarche. Mon intention était de décrire l'univers selon les lois de la mécanique et de montrer comment le modèle mathématique s'appliquait à une nature désormais sans mystère. Ce faisant, je contestais de manière radicale la représentation du monde héritée des philosophes grecs et de leurs successeurs.

Nous parlions souvent avec Reneri de mon traité et il m'encourageait à le continuer. Je savais pourtant que, en abordant des sujets aussi délicats, je devais prendre des précautions. Aussi, après bien des hésitations, je décidai de recourir à la fable pour expliquer la formation des planètes et leurs mouvements dans l'espace. Mon texte se présentait comme une fiction. C'était comme si je racontais une histoire.

« Et vous pensez que les gens seront dupes ? demandait Reneri.

– Je ne sais pas.

– Vous n'avez plus confiance en la raison ? Vos arguments devraient pourtant suffire à convaincre.

– Toute démonstration peut être contestée par des gens de mauvaise foi et *Le Monde* dénoncera certaines fausses vérités.

– Les géomètres sont des hommes de science.

– Ils ne sont pas seuls et leur influence est limitée. Les cabales sont toujours possibles quand les idées dérangent.

– Ne vous inquiétez pas pour ça. Vous n'êtes pas seul et nous saurons répondre aux attaques. »

Reneri avait l'air sûr de lui, mais j'étais plus hésitant. Je préférais avancer masqué. Mon subterfuge était grossier, mais il permettait, en cas de difficultés, d'affirmer que mon livre n'était guère plus sérieux qu'un recueil de légendes.

Je terminai l'ouvrage au cours de l'année 1632 et me préparai à le publier. Au dernier moment pourtant, je décidai de compléter mon plan initial. J'ajoutai une partie consacrée à l'homme dans laquelle j'étudiais notre spécificité. Notre corps est soumis aux lois de la nature, mais par notre esprit nous appartenons à un autre domaine qui est celui de la pensée. L'homme est comme un engin hydraulique avec ses ressorts et ses tuyaux. C'est une mécanique complexe comme aucun artisan n'en a jamais fabriqué, mais son fonctionnement met en œuvre des rouages semblables à ceux des automates. Seules l'âme et la pensée nous distinguent des machines et des animaux.

Il me fallut un peu plus longtemps que prévu pour mettre par écrit toutes mes idées. Je regagnai ensuite Amsterdam afin de trouver un éditeur et discuter avec lui des conditions de publication. Nous étions à la fin de l'année 1633 quand tout à coup j'appris la nouvelle condamnation de Galilée. Le Saint-Office avait fait diffuser le texte de son abjuration et je découvris avec stupéfaction que Galilée reconnaissait s'être trompé. Il rejetait le système de Copernic et le déclarait erroné.

La condamnation remontait au mois de juin de la même année. Aussitôt, j'arrêtai tout. Si le mouvement de la Terre était faux, alors les fondements de ma philosophie l'étaient également. J'écrivis plusieurs lettres à des savants parisiens et reçus un long courrier de Mersenne qui commentait la nouvelle. Il parlait avec prudence, mais je compris que personne n'était dupe des déclarations de Galilée. Celui-ci était malade depuis plusieurs mois et il était évident que son abjuration lui avait été arrachée de force. Le Saint-Office avait profité de son état de fatigue pour l'amener à reconnaître des erreurs imaginaires. Pas un homme de science ne croyait à ces aveux. Cela me rassurait, mais, en même temps, j'étais désorienté et, en dépit des efforts de Reneri pour apaiser mes craintes, je ne savais plus que faire. L'Église s'était prononcée et nous risquions tous d'être condamnés si nous soutenions que la Terre tournait autour du Soleil.

On me raconta que dans les salons circulait le texte d'une lettre que Galilée avait écrite quelques années plus tôt. Il s'adressait à Christine de Lorraine et rappelait que « l'intention du Saint-Esprit était de nous enseigner comment on doit aller au ciel et non comment va le ciel ». Les autorités religieuses n'en maintenaient pas moins leur condamnation et refusaient d'infléchir leur position.

Dans mon traité du *Monde*, comme je l'ai dit, j'avais pris la précaution de présenter ma doctrine sous forme de fable et je m'étais tenu à l'écart de tout débat théologique. Je n'étais pas sûr, pourtant, que ce soit suffisant. J'avais bien rappelé que Dieu était infini et incompréhensible, mais j'indiquais aussi que nous étions capables de découvrir les lois de la nature et que ces lois étaient à même d'expliquer tous les phénomènes. Il était possible de comprendre le monde et sans doute de le dominer. J'étais loin des théories orthodoxes que l'on pouvait lire dans les écrits recevant l'imprimatur de Rome.

Je passai plusieurs semaines à Amsterdam à me demander ce que je devais faire puis je repartis pour Deventer où je retrouvai Reneri. Nous discutâmes toute une nuit tandis que la pleine lune brillait dans le ciel. Les étoiles étaient nombreuses et nous ne résistâmes pas au plaisir d'utiliser nos lunettes astronomiques. Le ciel était là, devant nous, et il était de mieux en mieux connu. Il était absurde de s'opposer à la science. Les nouvelles découvertes révolutionnaient notre vision du monde.

« Nous vivons un siècle de grands changements, me dit Reneri.

– Oui, je crois. Je suis heureux de suivre tous ces bouleversements, même s'il y a beaucoup de résistances à combattre.

– Ce sont les forces du passé, il ne faut pas en tenir compte. L'essentiel est d'avancer. Nous sommes sur une route escarpée qui est celle de la vérité. Mais nos ennemis perdent du terrain. Ils ne pourront pas toujours contester le résultat de nos travaux. »

Au petit matin cependant, je décidai d'abandonner la partie. Je renonçai à publier mon traité. J'en informai Reneri et je vis qu'il était déçu. Il se garda néanmoins de tout reproche. D'autres de mon entourage acceptèrent mal ma position. Ils considéraient que je vivais dans un pays de liberté et que je ne risquais pas grand-chose. Rome était loin et les Provinces-Unies avaient adopté la religion protestante. Ils m'assuraient aussi qu'ils étaient prêts à défendre mes idées et que je ne serais pas seul en cas d'attaques dirigées contre moi. Mais cela ne suffisait pas à me rassurer.

Je me méfiais, c'est vrai, de l'autorité du Vatican. La congrégation des cardinaux avait prononcé la condamnation de Galilée sans beaucoup de ménagement. Le texte de la sentence indiquait qu'il s'était rendu « fort suspect d'hérésie » et lui demandait d'abjurer « d'un cœur sincère » les erreurs professées dans son ouvrage intitulé *Dialogue des deux systèmes du monde de Ptolémée et de Copernic.* Je ne voulais pas courir le même risque et voir mon *Traité du monde et de la lumière* censuré dès sa parution.

L'histoire du livre de Galilée était pour le moins curieuse. Il s'agissait au départ d'une commande du pape Urbain VIII qui voulait apaiser les tensions entre les partisans de Ptolémée pour qui la Terre était fixe et située au centre du monde et les défenseurs de Copernic. L'idée du pape était de faire reconnaître la validité des deux hypothèses car il considérait qu'aucune de ces théories n'apportait de preuves irréfutables. Cette position avait le mérite de la neutralité. Les astronomes regardaient le ciel et le Saint-Office continuait à croire que la Terre ne bougeait pas.

Toutefois, le *Dialogue des deux systèmes* ne répondit pas au souhait d'Urbain VIII. Le pape attendait un exposé impartial et non un plaidoyer en faveur de Copernic. Les adversaires de Galilée se mobilisèrent pour en obtenir l'interdiction. Galilée fut traduit devant le Saint-Office et dut faire acte de repentance. Il accepta, après bien des pressions, d'abandonner « la croyance fausse que le Soleil est au centre du monde et ne se déplace pas et que la Terre n'est pas au centre du monde et se déplace ».

Pour ma part, j'entendais couper court à toute dispute. Les débats autour de Copernic et Galilée m'apparaissaient inutiles et dangereux. Nous n'avions aucune chance de convaincre nos adversaires. Dans ces conditions, je rappelai « mon entière obéissance à l'Église » et j'avertis mon imprimeur de l'abandon du projet.

La décision n'était pas facile et je fis à l'époque des cauchemars qui se transformaient parfois en hallucinations. Je marchais sur une terre inconnue et tout à coup le sol s'ouvrait sous mes pas. Je tombais alors dans un précipice et il me semblait que la chute ne s'arrêtait jamais. Je tournoyais dans l'espace. Puis, sans transition, je brûlais en enfer dans le cercle des hérétiques. Des démons piquaient mon corps avec leurs fourches et j'entendais leurs rires quand je les suppliais d'être gracié.

Dans le même temps, pourtant, je me sentais soulagé. J'avais échappé à un grand danger. Je n'osais imaginer ce qui se serait passé si j'avais terminé mon traité quelques mois plus tôt et si je l'avais publié sous nom d'auteur. C'en était fini de ma tranquillité. Une partie des savants m'aurait soutenu, mais l'Église aurait cherché à me faire taire. Il était impossible de deviner quelle tournure auraient pris les événements, mais je me serais retrouvé dans la situation de Galilée. J'aurais dû me soumettre aux mêmes autorités. Le destin tient à peu de chose et je remerciais Dieu de m'avoir évité les mauvais procès.

En me promenant dans les rues d'Amsterdam, je me sentais l'esprit libre et dégagé. Les nouvelles qui venaient de France ne donnaient pas envie de rentrer. Les voyageurs colportaient les rumeurs de la capitale. Ils évoquaient les affrontements entre Marie de Médicis et Richelieu et racontaient que notre roi Louis XIII était déchiré entre sa mère et son principal conseiller. Les parties s'affrontaient autour du choix des alliances. Fallait-il privilégier un rapprochement avec les Habsbourg ou au contraire préparer une nouvelle guerre contre les Espagnols et les Autrichiens ?

Pendant ce temps, les courtisans complotaient et cherchaient à deviner le clan qui sortirait vainqueur de ces conflits d'intérêts. Des alliances se nouaient et se dénouaient. Des trahisons se préparaient. Les prélats suivaient la situation avec attention. L'Église n'aimait pas les moments de flottement. Elle avait besoin d'un pouvoir fort pour assurer la défense de ses intérêts. Les protestants avaient perdu de leur puissance et Rome tirait avantage de la situation.

De fait, la chute de La Rochelle quelques années plus tôt avait marqué les esprits. C'était une des dernières places fortes détenues par les huguenots sur le territoire français. Les protestants y étaient très attachés car son ouverture sur la mer lui permettait de recevoir des renforts anglais. En cas de conflit avec le pouvoir royal, La Rochelle devenait une pièce essentielle. Cela n'avait pas échappé à Richelieu. Il avait donc décidé de reprendre la ville. Le siège commença le 10 septembre 1627 et dura un peu plus d'un an.

L'armée coupa d'abord toutes les communications terrestres et, pour contrôler les accès maritimes, Richelieu construisit une digue dont les fondations étaient constituées de navires coulés. Le blocus s'organisa et le ravitaillement promis par les Anglais n'arriva jamais. La digue était imprenable et la famine décima très vite les rangs des Rochelais. Il fallut se résoudre aux dernières extrémités.

On fit sortir les femmes, les enfants et les vieillards, dont beaucoup furent tués dans les marais alentour. C'était des bouches inutiles. Les assiégés mangèrent les chevaux, les chiens, les rats et peut-être même certains cadavres que l'on ramassait dans la rue. Les survivants rapportèrent en effet des scènes d'anthropophagie. L'étau royal se referma sur la ville. Les dernières tentatives de sortie tournèrent au désastre et La Rochelle se rendit le 28 octobre 1628.

Les protestants étaient défaits. La paix d'Alès continua à leur garantir la liberté de culte, mais ils perdaient leurs droits politiques et militaires. Le parti catholique l'emportait et se réjouissait d'une France à nouveau unie sur le plan religieux. Les dévots attendaient du roi qu'il fasse alliance avec le pape et qu'il combatte la menace turque avec les autres monarchies.

Rome considérait que l'Empire ottoman constituait une menace réelle. Il est vrai que les frontières du sultan étaient à moins de quarante lieues des faubourgs de Vienne. Le pape appelait à la mobilisation contre les infidèles. Marie de Médicis était prête à y répondre, mais Richelieu ne l'entendait pas ainsi. Pour lui, le danger venait d'abord de l'Espagne et de l'Autriche. Il ne fallait pas se tromper d'ennemi. La France devait garantir ses frontières. Les Turcs étaient loin. L'opposition protestante ayant été réduite, il était temps de se retourner contre les puissances européennes avec lesquelles nous avions l'habitude de batailler.

Dans tous les cas, Paris se préparait à la guerre. Il était donc hors de question de quitter la Hollande. Je renouai plutôt avec mes travaux d'anatomie et pris l'habitude de passer plusieurs après-midi par semaine dans les sous-sols d'un hôpital où des cadavres étaient mis à notre disposition.

Je travaillais avec des médecins français qui s'étaient réfugiés aux Provinces-Unies. Ils étaient protestants et ils avaient fui la montée de l'intolérance. Ils craignaient pour leurs vies. Mais ils considéraient surtout qu'il leur était de plus en plus difficile d'exercer leur métier. Les universités étaient sous surveillance. L'esprit critique qui régnait dans les amphithéâtres était considéré comme suspect. Les cours de théologie et de médecine étaient particulièrement contrôlés.

Ces médecins étaient soulagés de se trouver à Amsterdam et de constater que les autorités ne s'occupaient guère de nous. Il est vrai que nous restions discrets. Nos activités n'étaient pas clandestines, mais nous en faisions très peu état. Nous partagions en petits cercles l'avancement de nos travaux et n'acceptions que de rares correspondants étrangers. Parmi ceux-ci figuraient quelques professeurs italiens protégés par des princes éclairés.

Notre curiosité était inépuisable. Nous cherchions à savoir comment fonctionnait cet agencement de muscles et de nerfs qui expliquait nos mouvements. Les organes vitaux étaient aussi soigneusement étudiés et j'avais pour ma part un grand intérêt pour le cœur et pour le foie. J'étais passionné par ces expériences qui débouchaient sur d'étranges découvertes.

« Notre audace m'effraie », répétait parfois l'un des participants à nos travaux. Il disait que, dans l'esprit de nos contemporains, la frontière n'était pas très nette entre notre démarche scientifique et certaines pratiques de sorcellerie. Celles-ci continuaient à avoir lieu dans les catacombes et dans des lieux tenus secrets où se retrouvaient des représentants de la noblesse, de jeunes bourgeois libertins et de prétendus mages accompagnés de jeunes filles dont les débordements agrémentaient les soirées.

Les semaines passaient. J'échangeais avec mes amis et continuais d'étudier de nombreux sujets. Mersenne m'entretenait dans sa correspondance de questions scientifiques qui agitaient la communauté parisienne. Il réunissait chaque quinzaine son cercle de savants et de philosophes. C'était pour eux l'occasion de se retrouver et de débattre de leurs problèmes. Ils partageaient leurs interrogations, leurs doutes et leurs difficultés.

Mersenne correspondait avec des gens très différents tels que Claude Mydorge, Pierre Gassendi, Gilles de Roberval, Étienne Pascal, Florimont de Beaune, Pierre de Fermat, etc. Chacun avait ses idées et ses centres d'intérêt, mais ils s'accordaient tous à penser qu'ils vivaient une période exceptionnelle. Une page de notre Histoire était en train de s'écrire.

Mes débats avec Reneri étaient parfois passionnés. Je me souviens de discussions sur Démocrite dont je rejetais catégoriquement les principes. Démocrite était le fondateur de l'atomisme. Il imaginait que le monde était constitué de très petits éléments insécables qui tourbillonnaient dans le vide et qui s'agrégeaient sous le coup du hasard. C'est ainsi que les corps se formaient. Cette philosophie qui remontait à l'Antiquité grecque revenait à la mode depuis quelque temps. Elle était notamment défendue par Pierre Gassendi dont Reneri admirait les travaux d'astronomie et de mathématiques.

Pierre Gassendi était un homme d'Église, mais c'était aussi un fervent partisan de Galilée et un critique déclaré des jésuites avec qui il avait eu de nombreux démêlés. Ses prises de position m'étaient plutôt sympathiques, mais je devais m'opposer à lui au moment de la sortie de mes *Méditations métaphysiques.* Notre différend portait en particulier sur la question du vide.

J'aimais aussi beaucoup discuter de musique. Je partageais cette passion avec Constantin Huygens, qui fréquentait de nombreux artistes. J'ai toujours regretté de ne pas savoir jouer d'un instrument et longtemps j'en ai voulu à mon père de m'avoir privé de ce plaisir. À l'adolescence, j'avais émis le souhait d'apprendre le clavecin, mais je m'étais heurté à un refus catégorique. C'est peut-être pour combler ce manque que j'ai écrit mon *Traité de musique* et que toute ma vie je me suis intéressé à l'écriture musicale. Si Dieu m'en avait laissé la possibilité, j'aurais choisi d'être un artiste.

C'est à la même époque également que j'ai commencé à mettre sur papier mes réflexions concernant la *Dioptrique* et les *Météores.* Mes amis me pressaient à nouveau de livrer des exemples de ma méthode. Les passions qui avaient suivi la condamnation de Galilée s'apaisaient. J'imaginai donc la possibilité de publier un ouvrage portant sur des questions d'ordre scientifique. Plusieurs sujets retenaient mon attention : la réfraction de la lumière, les figures de la neige, la cause des vents et du tonnerre, les couleurs de l'arc-en-ciel, etc. J'envisageais de traiter chacun d'eux de façon exhaustive.

Cette diversité d'exemples n'était pas fortuite. Elle montrait que ma démarche s'appliquait à des domaines très variés. Je me demandais aussi si je n'allais pas ajouter à ces écrits une petite préface dans laquelle seraient exposés les principaux acquis de ma métaphysique. Ce serait en quelque sorte un *Discours de la méthode* qui retracerait le cheminement de ma pensée et qui présenterait les certitudes auxquelles j'étais arrivé.

Cependant, il me restait encore beaucoup de travail et je décidai de partir pour Utrecht et de m'y installer pour quelques mois. C'est là que vivait maintenant Reneri et j'aimais cette ville universitaire située au sud d'Amsterdam.

Toutefois, avant d'aller plus loin, il me faut dire la vérité sur l'épisode le plus douloureux de ma vie.

Mon séjour parisien m'avait permis de vivre quelques aventures galantes qui étaient restées sans lendemain.

Les amours durables n'étaient pas faites pour moi et jamais je n'avais envisagé de fonder une famille. Adolescent, je ne savais pas ce que la vie me réservait, mais ce n'était certainement pas un bonheur paisible aux côtés d'une épouse et des enfants. À La Flèche, j'avais fait cette confidence à l'un des pères enseignants et celui-ci avait vu dans cet aveu le désir caché de me consacrer à Dieu. Il m'avait encouragé dans la voie du renoncement et promis en échange une éternelle félicité.

Le père C… m'expliquait que l'homme était péché et que sans cesse nous devions lutter contre les tentations du Malin. C'était un homme grand et maigre dont le visage était ravagé de tics. Je savais que, la nuit, il faisait pénitence et s'infligeait de longues séances de flagellation. Il parlait d'une voix basse qui obligeait à tendre l'oreille. Le soir, après les cours, il m'appelait dans son bureau et m'interrogeait sur ma journée. Il me disait de me détendre et de me confesser à lui avec confiance. Il voulait savoir si je m'étais livré à quelque plaisir solitaire ou si tel ou tel de mes camarades éprouvait à mon égard une trop forte attirance.

Le père C… me prenait les mains et me rappelait que j'étais sous le regard de Dieu. Il connaissait les dangers de la jeunesse et m'encourageait à prier pour le salut de mon âme. Il avait peur pour moi et me racontait des histoires édifiantes qui mettaient en scène ses anciens élèves. Il me demandait de bien réfléchir à mon avenir et me suggérait de rentrer dans les ordres. « L'Église t'attend, ajoutait-il. C'est la meilleure et la plus aimante des familles. Je pourrais en parler au père supérieur si tu le souhaites. Je devine en toi la grandeur d'une vocation. Tu ne dois pas résister à l'appel du Seigneur. »

Je ne voulais pas contredire le père C..., mais il se trompait. Dieu ne parlait pas assez fort à mon cœur pour envisager une carrière ecclésiastique. Je m'adressais à Lui dans le respect de la religion et dans l'espoir d'intercéder en faveur de ma mère. Mais cela n'allait pas plus loin.

Finalement, en quittant le collège de La Flèche, je promis au père C... de suivre ses conseils et de faire retraite dans un monastère proche du Mans. D'après mon confesseur, ce séjour me permettrait de sonder ma foi. Il me donna une lettre de recommandation pour le père supérieur. Je la rangeai parmi mes affaires et me dépêchai ensuite d'oublier mon engagement. Je ne revis jamais le père C...

Mon père, de son côté, voulut me marier à la fin de mes études. Je fis tout pour le décourager. Je me disputai même avec ma sœur Jeanne qui se trouvait mêlée à l'affaire. À plusieurs reprises, elle me présenta certaines de ses connaissances sous des prétextes divers. Je me souviens de l'une d'elles qui prétendait étudier la géométrie, mais quand je commençai à l'interroger, je m'aperçus qu'elle ne possédait pas le niveau requis pour effectuer de simples opérations arithmétiques. Elle était en revanche la fille d'un riche notaire établi dans la région de Dôle. L'homme n'avait pas de fils et considérait que la famille Descartes était l'occasion d'une belle alliance.

Les manœuvres de Jeanne m'irritaient. Elle agissait à la demande de notre père et même si plusieurs de ses amies ne me laissaient pas indifférent, je refusai très vite de poursuivre ce petit jeu. C'est là que notre dispute survint. Jeanne m'accusa d'égoïsme et me dit que mon attitude manquait de respect. Je devais obéissance à mon père. Puis elle fit appel au souvenir de notre mère et prétendit que ma situation devait la rendre triste. Cette fois-ci, c'en était trop. Je quittai son domaine du Crévis et j'allai dormir dans une auberge au milieu des marchands et d'un groupe de soldats partis rejoindre leur casernement.

Le mariage, une charge à Rennes ou à Poitiers, c'était, comme je l'ai indiqué, la vie même que je refusais et que j'avais rejetée en m'engageant dans l'armée de Maurice de Nassau.

Plus tard, en revenant à Paris, j'étais resté dans les mêmes dispositions d'esprit, même si la fréquentation des salons offrait l'opportunité de nombreuses rencontres. Ma notoriété naissante me mettait en contact avec des femmes dont j'appréciais la culture et la vivacité d'esprit. Je me plaisais en leur compagnie, mais, à de rares exceptions près, nos relations trouvaient à s'épanouir dans le seul débat d'idées. C'était cela qui m'intéressait et non des aventures d'un soir qui étaient pourtant choses communes en ces temps de grande liberté.

À l'époque, j'ai d'ailleurs entendu une rumeur selon laquelle les femmes ne m'attiraient guère du fait d'un penchant naturel qui m'entraînait à regarder de l'autre côté. Les médisants mettaient mon attitude sur le compte de l'éducation reçue au collège de La Flèche, qui aurait favorisé le développement de mes mauvaises passions. Tout cela est faux, mais cela montre que rien ne m'aura été épargné et que, très tôt, les jaloux de toutes sortes ont cherché à monter des cabales contre moi.

Mon peu d'empressement amoureux témoignait simplement du fait que mon énergie était consacrée à d'autres projets. Je ne voulais pas être perturbé par des romances inutiles qui risquaient de me distraire de mes occupations.

Pour la même raison, je m'étais abstenu de toute aventure depuis mon arrivée en Hollande. Je consacrais l'essentiel de mon temps à mes travaux scientifiques et à mes réflexions métaphysiques.

Le travail des idées requiert une incroyable tension et il est difficile de mener de front une vie de recherche et une vie d'homme. D'autres peut-être en sont capables, mais ce n'est pas mon cas. Il m'a fallu choisir et j'ai tout sacrifié à la quête de la vérité.

Le hasard pourtant réserve parfois des surprises. La vie reprend ses droits et nous expérimentons alors la force du destin.

J'étais à Amsterdam, chez une de mes connaissances, et me trouvais seul pour quelques semaines dans sa maison. Mon logeur avait dû gagner Francfort pour régler une affaire familiale. Il était parti sans inquiétude, sachant que je connaissais la ville et que j'y avais un certain nombre de relations. Il avait par ailleurs demandé à sa principale servante de veiller sur moi. Nous étions en 1634 et je traversais cette période difficile qui avait suivi la condamnation de Galilée et ma décision de ne pas publier mon *Traité du monde et de la lumière.*

Cette servante s'appelait Hélène. Elle était un peu plus petite que moi et son visage souriant était encadré de cheveux blonds qui descendaient sur ses épaules. Je la connaissais d'un précédent séjour et je l'avais trouvée gracieuse, même si je n'y avais attaché aucune importance particulière. Son long tablier cachait mal ses formes rondes et quand elle souriait, une petite fossette se dessinait au creux du menton. Ses yeux étaient de couleur noisette et ils brillaient sans cesse d'un bel éclat.

Le soir, c'était elle qui me servait. Je lui avais demandé de cuisiner maigre, mais elle s'ingéniait à ne pas respecter mes instructions et je trouvais dans ma soupe des morceaux de gras dont je devais reconnaître qu'ils parfumaient agréablement l'assiette. N'ayant personne à qui parler, je la regardais se mouvoir dans la pièce et tandis qu'elle s'approchait pour apporter un nouveau plat, je constatais à loisir le charme de ses traits.

Les premiers jours, nous nous étions contentés de brefs échanges tournant autour de questions pratiques. Un après-midi, pourtant, où j'avais besoin de me changer les idées, j'étais descendu dans la cour intérieure et je l'avais trouvée à coudre à l'ombre d'un arbre. Je m'assis non loin d'elle et engageai la conversation. Elle me raconta en quelques mots son histoire.

Hélène était née dans une petite ville au sud des Provinces-Unies et elle avait suivi ses parents venus s'installer à Amsterdam pour y chercher du travail. Son père avait été embauché chez un drapier. Il y était toujours. Sa mère avait d'abord été cuisinière avant de se consacrer à l'éducation de ses enfants. Elle venait de mourir et Hélène s'inquiétait pour son père qui se trouvait maintenant tout seul dans la maison. Elle allait le visiter chaque semaine et soupçonnait qu'il s'était mis à boire pour essayer d'oublier son chagrin.

Hélène n'avait pas fait d'études. Elle avait cependant appris à lire et à écrire grâce à un pasteur qui lui avait donné les cours nécessaires. Elle avait ainsi accès aux livres de mon logeur qui l'encourageait à profiter de sa bibliothèque.

Hélène était d'un tempérament enjoué et sa bonne humeur me distrayait agréablement de mes pensées moroses. Je pris donc l'habitude de venir la retrouver en fin d'après-midi dans la cour intérieure. Elle me servait à boire et nous parlions de choses et d'autres jusqu'à l'heure du souper. Pour moi qui n'avais jamais connu ce genre de plaisir, ce fut une découverte. Son intelligence était vive et elle était curieuse de tout.

Le soir, je l'initiais à de petits problèmes de mathématiques et j'essayais de répondre aux questions qu'elle me posait. Elle avait lu plusieurs livres sur la nature et m'interrogeait sur les sujets qui la tracassaient. Elle me parlait aussi bien du mouvement des marées, de la fabrication du sel ou de la cause des tremblements de terre. Elle aimait les arbres et les fleurs et cultivait de grandes plantes dans des pots de terre qui décoraient l'entrée de la maison. Ses joies étaient simples et nos heures passées ensemble étaient pour moi des moments de répit dans une existence inquiète.

Un soir, il arriva que nos mains se rapprochèrent et nous nous retrouvâmes dans ma chambre, surpris d'être là à nous embrasser tendrement. Je crois que nous étions aussi émus l'un que l'autre. À la lumière des lampes à huile, je découvris son corps et j'en appréciai la douce chaleur. Elle se retira un peu plus tard pour gagner sa chambre et cette nuit-là je dormis tout mon soûl. Aucune insomnie ne vint troubler mon sommeil. Aucun mauvais rêve non plus. Mon corps était léger et j'étais envahi d'un sentiment de bien-être dont j'avais perdu le souvenir.

Les jours suivants, nous continuâmes à partager notre tendre complicité. Je me surprenais à rêvasser à ma table de travail tandis qu'une lettre commencée attendait que je la finisse et que des notes prises les semaines précédentes restaient à l'abandon sur un coin du bureau.

Mon logeur allait bientôt rentrer et je savais que ces moments de bonheur prendraient fin aussitôt. De toute façon, cet amour naissant n'était pas fait pour durer. Il me détournait trop de mes pensées et si j'y goûtais autant de plaisir, c'est qu'il n'était qu'une courte parenthèse dans une vie consacrée à d'autres passions.

J'en parlai un soir avec Hélène, qui comprit la situation et qui m'assura qu'elle se plierait à mes volontés. Notre histoire se poursuivit encore quelques semaines. Puis mon logeur revint de Francfort et tout rentra dans l'ordre. J'ignore s'il s'aperçut de quelque chose, mais nous prîmes avec Hélène la précaution d'éviter de nous croiser et quand, par hasard, nous nous retrouvions dans la même pièce, nous affichions une forme d'indifférence qui n'était peut-être pas tout à fait naturelle.

Je me remis à travailler à mes questions de dioptrique et plus particulièrement aux problèmes de réfraction qui relèvent de la catoptrique. J'avais par ailleurs annoncé mon intention de quitter Amsterdam et de rejoindre mon ami Reneri à Utrecht. Je retournais à ma vie d'antan. Mon aventure avec Hélène resterait comme un moment unique et apaisant.

Un soir pourtant, Hélène demanda à me parler. Nous nous retrouvâmes dans la cour, comme cela nous était arrivé si souvent. C'est là qu'elle m'annonça qu'elle était enceinte de plusieurs semaines. La nouvelle me surprit, mais j'arrivai à cacher mon trouble et lui demandai quelles étaient ses intentions. Elle me regarda de ses grands yeux noisette et fit comme si elle ne comprenait pas la question. Je précisai ma pensée. J'expliquai que je connaissais assez de médecins dans la ville pour qu'elle n'ait pas à porter la charge d'un enfant. Je pouvais même arranger un rendez-vous dans les tout prochains jours.

Hélène me regarda en souriant. «Je ne vous demande rien, dit-elle. Je garderai l'enfant et je l'aimerai comme une mère doit aimer le fruit de ses amours.» J'approuvai d'un hochement de tête et gardai le silence. Je n'étais pas très fier de moi. Ma réaction était celle d'un vieil égoïste. Je craignais que la venue d'un enfant ne soit cause de préoccupations et de tracasseries. Hélène, par sa réaction spontanée, me donnait une leçon. Je lui dis qu'elle n'aurait aucun souci à se faire et que j'allais m'arranger pour que sa grossesse et son accouchement se passent dans les meilleures conditions possibles.

Le lendemain, je mis mon logeur au courant de la situation. Il comprit ma position et déclara qu'il était prêt à m'aider. J'étais rassuré. La semaine suivante, je lui donnai une somme d'argent assez importante et le priai de veiller sur Hélène. Puis je partis m'installer à Utrecht pour plusieurs mois. Je retrouvai auprès de Reneri la sérénité nécessaire à la poursuite de mes travaux et m'informai régulièrement de l'état de santé d'Hélène.

Sa grossesse se passait bien. Elle envisageait de rester à Amsterdam pour l'accouchement, mais je crus opportun de l'envoyer se reposer dans un lieu plus agréable. Amsterdam était une ville bruyante et l'air n'y était pas toujours bon à respirer. Or je crois à l'influence du climat sur la formation des enfants. J'interrogeai donc Reneri et grâce à lui je trouvai une famille d'accueil à Deventer. Je demandai ensuite à mon ami logeur de bien vouloir y conduire Hélène. Je n'avais pas le temps de m'occuper du transfert.

Hélène supporta bien le voyage et passa ses dernières semaines de grossesse sous la surveillance d'un vieux couple qui la traitait comme sa propre fille. Puis elle mit au monde une petite fille que nous appelâmes Francine.

Je n'étais pas là le jour de l'accouchement, mais j'arrivai à Deventer la semaine suivante et je découvris avec émotion un petit ange emmailloté dans ses langes. Elle avait une peau très douce et des joues déjà rebondies. Elle allait être blonde comme sa mère et je n'eus aucun mal à me convaincre que je tenais entre mes bras le plus beau bébé du monde.

Je sais qu'il convient de ne pas s'attacher aux enfants, mais le sourire de Francine était trop enjôleur pour ne pas tomber sous son charme. Elle gazouillait gaiement et me regardait droit dans les yeux quand je la serrais contre moi. Sa bouche toute rose se tordait de façon amusante quand elle demandait à téter le sein de sa mère. C'était les seuls moments où elle s'agitait. Elle battait l'air avec ses jambes et poussait de petits cris, faute de savoir s'exprimer autrement.

Hélène n'avait pas l'air trop fatiguée. Elle avait le visage un peu bouffi, mais ses yeux noisette brillaient toujours de la même intensité. Je me penchai vers elle et l'embrassai sur le front. Je lui dis que j'étais content qu'elle ait décidé de garder l'enfant.

Francine fut baptisée le 28 juillet 1635. Nous décidâmes qu'elle resterait avec sa mère à Deventer, d'autant qu'Hélène avait trouvé une place de nourrice dans une des familles du village. De mon côté, je repartis vers Utrecht et travaillai à la rédaction de ma *Dioptrique* et des *Météores.* Ce sont ces traités plus celui de la *Géométrie* qui ont été préfacés par le *Discours de la méthode.*

Cependant, je revenais régulièrement à Deventer et m'installais dans un logis non loin de la maison d'Hélène. Je profitais de Francine chaque après-midi. Je ne pensais pas m'intéresser autant à cette enfant, mais je dois reconnaître que mon amour paternel s'émerveillait à suivre ses progrès. Son babil de bébé se transformait en début de langage et je la vis faire un jour ses premiers pas hésitants pour venir jusqu'à moi. Je la prenais maintenant sur mes genoux et je m'amusais à lui apprendre des mots nouveaux qu'elle répétait en riant.

Le langage m'a toujours beaucoup intéressé car il est l'une des différences essentielles entre l'homme et les nombreuses créatures qui peuplent le vaste monde. Je sais bien que certains animaux sont capables de répéter des mots ou de pousser des cris articulés. Ils donnent par là l'impression de communiquer. Cela n'a pourtant rien à voir avec le fait de tenir des discours et de traduire grâce aux mots nos émotions et nos pensées. Le langage animal est une illusion. Nous parlons parce que nous pensons et nous pensons parce que nous avons une âme. Le langage des animaux est mécanique. Il est semblable au grincement d'une machine ou au tintement d'une cloche.

J'étais heureux avec Francine, et Hélène souriait à nous voir ensemble. Plusieurs lecteurs du *Discours de la méthode* ont relevé l'optimisme affiché dans certaines parties de ce traité. C'est vrai que j'y ai dit ma confiance en l'homme et ma conviction qu'il saurait bientôt comprendre et dominer les forces de la nature. Cette confiance était le résultat de mes méditations, mais elle a été renforcée par tout ce bonheur qui ensoleillait ma vie.

Le destin, malheureusement, s'est chargé de tout remettre en cause. Il l'a fait de manière cruelle et je garde au fond de moi la trace de cette douleur. Aujourd'hui encore, mes yeux s'embuent de larmes quand j'évoque ces souvenirs. La blessure est présente et elle est comme un grand déchirement de mon âme.

Le fait de vivre ici, dans cette résidence glaciale, n'arrange rien. Mon extrême fatigue me rend plus fragile et l'image de Francine occupe mes pensées. C'est pour elle aussi que j'écris ce livre. Je lui dois cette part de vérité, mais j'avoue que je suis souvent tenté d'arrêter là. Il est difficile de revenir sur certains épisodes de mon histoire. Ma main tremble un peu. Tout à l'heure, j'ai fait plusieurs taches d'encre, ce qui m'arrive très rarement. Je rature aussi plus souvent mon manuscrit. Je vais cependant poursuivre car je n'arriverai pas à dormir. Je veux terminer ce chapitre avant d'aller au lit. Ce soir, je suis triste et seul un sursaut de fierté m'interdit de pleurer. Revenons donc à Francine et tâchons de la faire revivre un peu sous ma plume.

Mes séjours à Deventer devenaient de plus en plus fréquents et mes retours à Utrecht étaient chaque fois l'occasion de vrais regrets. Je m'en ouvris à Reneri et lui annonçais que je ne voulais plus être séparé de Francine. Il m'encouragea dans ma décision et me conseilla de déménager rapidement. Nous regardâmes une carte afin de chercher un lieu approprié. Il y avait beaucoup d'endroits que je ne connaissais pas encore.

Je choisis finalement de m'installer à Santpoort dont l'air marin me semblait convenir à une enfant. Nous n'étions pas très loin de la mer et des bras d'eau donnaient l'impression d'être au bord d'une plage. Il y avait des bancs de sable et j'étais sûr que cela plairait à Francine.

Je trouvai une famille chez qui Hélène put travailler comme nourrice et je m'installai dans une petite maison nichée au creux des dunes. Devant moi s'étendait une lande déserte. Seul le passage de rares troupeaux troublait le silence. De mon bureau, je voyais l'herbe couchée par le vent et je pouvais, sans crainte d'être dérangé, m'abandonner à mes réflexions métaphysiques.

Je vécus dans cette maison jusqu'à la fin de l'année 1640 et limitai au maximum mes déplacements pour rester près de Francine. Nous allions souvent à la plage, même par mauvais temps, car, en dépit d'une eau froide, elle aimait marcher au bord de la mer tandis que je la surveillais de loin. Elle ramassait ensuite des coquillages qu'elle rapportait avec fierté et que je gardais précieusement dans un petit coffre en bois.

J'avais construit un cerf-volant à l'aide d'un morceau de tissu et je lui montrais comment tournaient les vents et comment il était possible de se servir des forces de la nature à notre propre bénéfice. Je lui apprenais aussi à lire, à écrire et à compter. Elle aimait le calcul et s'amusait beaucoup avec les chiffres. Mais ce qui l'intéressait par-dessus tout, c'était la lunette astronomique qui se trouvait dans mon bureau et qui permettait de regarder loin dans le ciel. À la nuit tombée, je lui faisais découvrir les étoiles et lui apprenais le nom des planètes.

Francine étendait parfois la main pour essayer d'attraper ce qu'elle voyait sous ses yeux. Je lui expliquais pourquoi ce n'était pas possible, mais, très vite, elle l'oubliait et recommençait son manège. Les enfants sont facilement victimes des illusions de leurs sens. Les adultes aussi, d'ailleurs, et c'est là l'origine de bien des erreurs.

Le soir, quand je raccompagnais Francine jusque chez elle, nous avions beaucoup de mal à nous séparer. Nous restions encore à jouer dans sa chambre et elle en profitait pour me chanter des chansons qu'Hélène lui apprenait. J'aimais sa voix et quand il lui arrivait de faire des fausses notes, je l'encourageais à recommencer et à ne jamais rester sur un échec. Puis je la quittais car Hélène montrait de gros yeux pour se faire obéir.

Un jour, je promis à Francine de lui trouver un professeur car elle manifestait le désir d'apprendre la musique. Elle venait d'avoir cinq ans et je lui conseillai d'étudier le solfège. Il était temps de s'occuper de sa formation, mais il n'y avait pas de vraies écoles à Santpoort. Je songeais donc à l'envoyer en France afin de la familiariser avec ma langue tout en lui assurant l'éducation qu'elle méritait. Je voulais également l'élever dans la religion catholique alors que sa mère était protestante.

J'obéissais là à je ne sais quelle volonté car je savais que sur bien des points la religion réformée valait celle de mon roi. J'avais appris par ailleurs à me méfier de l'Église de Rome. Le clergé ne donnait pas toujours l'exemple et les mœurs de nos prélats étaient connues de tous. Mais enfin, ma famille était catholique et même si j'avais choisi de vivre en terre protestante, je voulais que Francine connaisse les principes de ma religion.

Je réussis à convaincre sa mère et me mis en quête d'une famille d'accueil. Je me méfiais de la vie parisienne et j'écrivis à ma sœur pour lui demander son avis et son aide. Connaissait-elle quelqu'un en Bretagne susceptible d'accueillir Francine ? Il me semblait que la province offrait de meilleures garanties et que Francine se sentirait moins perdue dans une petite ville que dans une capitale comme Paris. Elle n'avait connu jusque-là que Deventer et les grands espaces de Santpoort. Il allait lui falloir renoncer à l'air salé de la mer que le vent portait entre les dunes.

J'étais dans l'attente de la réponse de ma sœur quand le drame survint.

Un après-midi que je venais chercher Francine, Hélène me dit qu'elle avait de la fièvre et qu'il était préférable de renoncer à notre sortie. Je n'insistai pas et regagnai ma petite maison où je travaillai le reste de la journée. Le lendemain, la fièvre avait augmenté et comme j'étais inquiet, je fis chercher un médecin qui se dépêcha de venir. J'entrai avec lui dans la chambre de Francine. Elle reposait dans son lit, le front couvert de sueur, et respirait avec difficulté. Son cou était couvert de plaques rouges. Le médecin l'examina et dit qu'il reviendrait très vite avec des remèdes appropriés. En attendant, il demanda qu'on donnât beaucoup d'eau à Francine et que des compresses de menthe lui soient appliquées sur la poitrine. Puis il voulut me parler et m'entraîna un peu à l'écart. «Je ne pourrai pas faire grand-chose, avoua-t-il. Mais je vais essayer de soulager la douleur. La fièvre va encore monter et je crains une fin rapide.»

Il ajouta ensuite quelques mots que je ne compris pas. Le monde s'écroulait et je le raccompagnai dans un état d'hébétude. Après son départ, je m'assis sur une chaise et cherchai ma respiration. Ma tête tournait. Je mis plusieurs minutes à reprendre mes esprits et à pouvoir retourner dans la chambre de Francine.

Sa mère se trouvait près du lit. Je l'y rejoignis et pris la main de Francine dans mes propres mains. Il me sembla qu'elle souriait. C'était un sourire fatigué qui cherchait à me rassurer. Sa main était brûlante. Nous restâmes ainsi plusieurs heures, jusqu'à ce que Francine s'endorme d'un sommeil troublé. Nous sortîmes de la chambre et je répétai à Hélène ce que le médecin m'avait dit. Elle se mit à pleurer et mes larmes se joignirent aux siennes.

Je retournai chez moi et fis un long détour par la plage. Il faisait frais et le vent s'était levé. J'étais abattu. Je ne pensais même pas à me révolter ni à crier contre une telle injustice. J'étais comme sonné par les événements. La mer était à marée basse et je marchais sur le sable mouillé à chercher des coquillages. J'imaginais qu'ils seraient comme des porte-bonheurs et qu'ils pourraient contrarier la marche du destin.

Il n'en fut rien. Francine mourut trois jours plus tard après avoir passé une dernière nuit à délirer dans les fièvres. «La scarlatine», dit le médecin.

L'aube avait du mal à poindre. J'étais assis à côté du lit de Francine et regardais son visage maintenant reposé.

Ses cheveux blonds avaient été peignés et je lui avais moi-même fermé les yeux. Hélène pleurait dans un coin. Le silence régnait dans la maison. Les autres enfants jouaient dehors. Nous entendions leurs cris et leurs rires. Des voisins passaient. Le chagrin était immense.

Nous enterrâmes Francine le dimanche suivant. Son corps était incroyablement léger. Elle portait une longue chemise blanche et ses mains fragiles sortaient des manches de dentelle. Je la déposai dans un petit cercueil de bois noir et l'emmenai avec Hélène jusqu'au cimetière.

La cérémonie fut de courte durée. Il était à peine midi quand nous retournâmes vers la ville. Je marchais d'un pas rapide. J'étais pressé de m'enfermer chez moi. Je m'assis dans le fauteuil du bureau et pleurai longuement. Les larmes montaient par vagues successives et mon corps était agité de sanglots. Comment Dieu pouvait-Il tolérer un tel malheur ? Je L'interrogeais tout haut car, dans cette épreuve, j'espérais un signe de Sa part. Mais mon attente était inutile. Aucune voix ne venait me réconforter.

Dans le *Discours de la méthode*, j'avais prouvé l'existence de Dieu et montré que sans Lui notre monde était impensable. Dieu s'imposait nécessairement. Il était une force absolue à laquelle notre univers était suspendu. Et pourtant, cela suffisait-il ? À quoi servait cette vérité en ces moments de détresse ? C'est d'un amour consolant dont j'avais besoin pour calmer ma douleur. D'un geste de réconfort et non de quelques certitudes intellectuelles.

Par la fenêtre, je voyais les terres venteuses de Santpoort. Mon regard fuyait vers l'horizon et je luttais contre la colère qui montait en moi. La vie des hommes n'avait-elle donc aucun sens ? Ce jour-là, j'aurais pu maudire Dieu si j'en avais eu le courage.

Je passai la fin d'après-midi à tourner dans ma tête mes idées noires. Il n'y avait aucun bruit dans la maison. J'avais donné congé à ma gouvernante pour ne pas être dérangé. Je restai dans mon bureau à compter les heures. Je n'avais plus aucune énergie. J'attendais que quelque chose se produise, mais il ne se passait rien. Seul le vent soufflait dans la cheminée. Je finis par m'endormir dans mon fauteuil. La nuit était tombée quand j'ouvris à nouveau les yeux. J'avais faim. Je trouvai du pain et du fromage que j'accompagnai d'un peu de vin. Je gagnai mon lit après ce repas frugal.

Francine n'était plus là et cette idée m'obsédait. Comment vivre sans sa joie rayonnante ?

Dès le début de l'année 1636, j'avais terminé la rédaction de la *Dioptrique* et des *Météores* et j'avais en tête les principaux points de ma *Géométrie.* Mon dessein était de regrouper ces trois essais dans un même ouvrage précédé d'une préface dans laquelle seraient présentés les grands principes de ma méthode.

Je n'avais pas l'intention d'exposer l'ensemble de mes idées. Mon projet était plus modeste. Je souhaitais mettre à disposition des lecteurs des éléments de doctrine dont ils pourraient mesurer la fécondité en lisant mes traités scientifiques. J'avais l'intention d'indiquer en quoi ma manière de penser était différente de celle de l'époque et comment, grâce à elle, j'avais atteint certaines vérités dont nous avons tant besoin.

J'avais décidé de faire imprimer l'ouvrage en français afin de lui assurer une large diffusion. C'était la première fois qu'un livre de cette sorte n'était pas publié en latin, mais ce choix était délibéré. Je me méfiais des doctes dont mes écrits contestaient les pensées. Ma méthode et son application allaient susciter de vives réactions et c'est pourquoi je voulais m'adresser au plus grand nombre. J'approchais de mes quarante ans et pour la première fois je dévoilais le résultat de mes travaux. Je prenais le risque d'être incompris et je me préparais à répondre à toutes sortes de critiques. Je connaissais la communauté des philosophes et des savants. Dans l'ensemble, elle n'était pas prête à accueillir mes idées.

Il suffisait pourtant d'abandonner ses préjugés pour me comprendre. Mais les préjugés sont comme une seconde peau, ils donnent beaucoup de confort aux esprits paresseux. Il est toujours plus facile de s'en remettre aux Anciens que de penser par soi-même. Les dogmatiques vivent en meute. Ils gardent à portée de main leurs vieux manuels d'Aristote et de saint Thomas et ne se rendent pas compte que le monde a changé. La science pose des questions inédites et nos réflexions métaphysiques doivent être conduites avec ordre et méthode.

Cette évidence est si vraie que j'avais énoncé dans le *Discours* quatre principes auxquels il ne fallait pas déroger sous peine de retomber dans les erreurs habituelles. Je vais essayer de les résumer ici :

– Le premier était de « ne recevoir jamais aucune chose pour vraie que je ne la connusse évidemment être telle ».

– Le second était de « diviser chacune des difficultés que j'examinerais en autant de parcelles qu'il se pourrait et qu'il serait requis pour mieux les résoudre ».

– Le troisième consistait à « conduire par ordre mes pensées, en commençant par les objets les plus simples et les plus aisés à connaître ».

– Le quatrième était de « faire partout des dénombrements si entiers et des revues si générales que je fusse assuré de ne rien omettre ».

Ces préceptes, pour peu qu'ils soient fermement tenus, nous assuraient de la rectitude de nos pensées. Je croyais en effet que le bons sens était « la chose du monde la mieux partagée » et que tout homme portait en lui la possibilité d'accéder aux plus grandes vérités.

L'histoire de mon domestique, Jean Gillot, illustrait cette conviction.

J'avais employé cet homme à mon service pendant quelque temps et j'avais été frappé par l'intelligence de son regard et la droiture de son esprit. Jean Gillot n'avait pas fait beaucoup d'études, mais il raisonnait bien. Il était français et s'était réfugié en Hollande à la suite de persécutions religieuses. Certains soirs, je m'appliquais à lui soumettre des problèmes mathématiques et j'étais toujours très étonné de la facilité avec laquelle il construisait ses démonstrations. Devant tant de dons, je n'avais pas grand-chose à faire pour lui donner goût aux sciences. Je lui enseignai simplement ce que je savais de l'arithmétique et de la géométrie.

Notre relation dura plusieurs mois. Puis il passa au service de Wilhem, beau-frère de Huygens, et continua à consacrer une part importante de son temps aux mathématiques. Malheureusement, il ne fut pas très heureux dans son nouvel emploi et décida de gagner l'Angleterre afin de parfaire sa formation. Nous étions en 1633 ou 1634. Il revint ensuite en France et se mêla au cercle des savants.

Je le revis en Hollande après la publication du *Discours de la méthode*. Il avait aimé mon livre et fit partie de ceux qui défendirent mes idées. Il me rendit aussi plusieurs services dont il ne chercha jamais à tirer bénéfice. C'est pourquoi je fus particulièrement heureux de l'aider quand l'occasion s'en présenta. Il cherchait une recommandation et je demandai à mon ami Huygens de l'introduire auprès du prince d'Orange. C'est grâce à ce dernier qu'il trouva un emploi au Portugal.

Ce pays avait conquis en 1640 son indépendance face aux Espagnols. Cette liberté nouvelle était pourtant fragile et le roi Jean IV avait demandé au prince d'Orange de lui envoyer des hommes capables d'appliquer leur science au domaine militaire. Il s'agissait de protéger les frontières et de se préparer à toute attaque d'envergure. Jean Gillot, et plusieurs de ses contemporains, acceptèrent la mission. Ils travaillèrent intelligemment et firent en sorte de tenir à distance les armées espagnoles.

Jean Gillot resta ensuite à Lisbonne en tant que mathématicien du roi. Je sais qu'il y excella et qu'il travailla en bonne intelligence avec les médecins et les astronomes de la cour. J'espère qu'il va bien. Je n'ai pas eu de ses nouvelles depuis plus d'un an, mais il est vrai que ces derniers temps j'ai délaissé mes amis et que je n'ai aujourd'hui ni le goût ni la force d'entretenir toute ma correspondance.

En évoquant le souvenir de Jean Gillot, je ne cède pas à la nostalgie. Je veux montrer qu'il y a de nombreux hommes qui ont la capacité de suivre les voies de la raison. Leurs dispositions naturelles leur permettent d'acquérir les plus hautes connaissances. Plusieurs fois, j'ai fait cette expérience dans ma vie et cela renforce ma confiance dans le genre humain. C'est pour des hommes comme Jean Gillot que j'ai choisi d'écrire en français le *Discours de la méthode* et que j'ai cherché un éditeur capable de porter à ce livre une attention toute particulière.

J'avais vu trop d'ouvrages mal imprimés pour ne pas craindre le risque d'un mauvais travail. J'attachais donc beaucoup d'importance à la qualité des dessins et autres illustrations qui figuraient dans mes traités. Ils venaient en appui du texte et facilitaient la compréhension des démonstrations. C'est dans cet esprit que j'arrivai à Leyde au printemps de l'année 1636.

Je décidai tout d'abord de confier ce travail à Louis Elzevier, qui m'avait sollicité par le passé, mais, très vite, je changeai d'avis. Son attitude était distante et parfois même un peu hautaine. Je ne comprenais pas. Mon *Discours de la méthode* était assez original pour ne pas souffrir des atermoiements d'un éditeur qui aimait sans doute se faire prier par ses auteurs.

J'avoue m'être aussi demandé si Louis Elzevier n'obéissait pas à quelques-uns de mes ennemis qui auraient été trop heureux d'entraver la publication de mon livre. Beaucoup de gens savaient que j'allais publier mes travaux et j'imaginais que de sombres intrigues se nouaient déjà dans les salons parisiens et les couloirs de la Sorbonne. Pour me calmer, je faisais de grandes promenades dans la campagne, mais quand je rentrais chez moi, de mauvaises idées m'envahissaient.

Plus tard, j'ai posé la question à Louis Elzevier et il m'a répondu que son attitude n'avait rien à voir avec moi. Cela m'a rassuré. Il n'avait fait l'objet d'aucune pression, mais il avait de nombreux soucis qui l'avaient empêché de mesurer l'importance de mon travail.

À l'époque, je me suis aussi posé la question d'imprimer l'ouvrage directement à Paris. Pour ce faire, il fallait obtenir un privilège des autorités publiques. Je pris plusieurs contacts en ce sens, mais je me rendis vite compte que ce serait difficile. Il aurait fallu que quelqu'un puisse s'occuper des démarches. Mersenne était capable de jouer ce rôle, mais il était absent de la capitale.

Je renonçai finalement à cette idée et trouvai un accord avec Jean Maire qui exerçait à Leyde. Il avait bonne réputation et était content de travailler avec moi. Je confiai par ailleurs le tracé des illustrations au fils d'un professeur de mathématiques recommandé par un ami de Huygens.

La question du titre définitif se posait toujours. Dans un premier temps, j'avais prévu d'intituler l'ouvrage *Le projet d'une science universelle qui puisse élever notre nature à son plus haut degré de perfection ; plus la Dioptrique, les Météores et la Géométrie où les plus curieuses matières que l'auteur ait pu choisir pour rendre preuve de la science universelle qu'il propose sont expliquées en telle sorte que ceux mêmes qui n'ont point étudié les peuvent entendre.*

Ce titre avait l'avantage d'être explicatif mais mes premiers lecteurs suggérèrent de le raccourcir. Huygens, en particulier, m'en parla à plusieurs reprises et je me laissai convaincre d'adopter un intitulé plus synthétique. Après plusieurs hésitations, je décidai de l'appeler : *Discours de la méthode pour bien conduire sa raison et chercher la vérité dans les sciences. Plus la Dioptrique, les Météores et la Géométrie qui sont des essais de cette méthode.* Mes objectifs étaient clairement précisés et mes traités scientifiques apparaissaient comme des exemples parmi d'autres de l'application d'une méthode beaucoup plus générale.

Jean Maire allait pouvoir procéder à l'impression.

J'étais évidemment dans un état de grande nervosité. Je n'ai jamais aimé écrire et, en publiant mon *Discours*, je n'ai fait que céder à diverses sollicitations. Je me demandais maintenant s'il n'eût pas été préférable de garder le silence et de préserver ainsi la tranquillité de mon incognito. J'avais pris la décision d'éditer mon livre sans nom d'auteur, mais je ne me faisais guère d'illusion quant à l'utilité de cet artifice. La paternité du *Discours* me serait vite attribuée. J'en eus d'ailleurs la preuve avant même que l'ouvrage ne sorte des presses.

Dès que j'appris que Mersenne était rentré à Paris, je décidai de l'interroger quant à la possibilité de faire bénéficier Jean Maire du privilège permettant d'imprimer le *Discours* sur le territoire français. Cela évitait d'importer des ouvrages, ce qui est toujours source d'ennuis. Les douanes sont sourcilleuses et rien n'est fait pour faciliter la circulation des idées. Les frontières permettent de prélever taxes et impôts, mais c'est aussi une manière de contrôler des flux de marchandises. Les livres n'échappent pas à la règle.

Ils font même l'objet de contrôles spécifiques. Ce n'est pas un produit comme les autres car leur contenu fait toujours peur. Les pouvoirs sont méfiants par nature. L'invention de l'imprimerie a été pour nos rois une très mauvaise nouvelle.

On pourrait s'étonner de ce désir d'être publié en France puisque dans le même temps je redoutais les conséquences d'une plus grande notoriété. Mais les hommes sont traversés de conflits divers et les philosophes, pour réfléchis qu'ils soient, n'échappent pas à la règle. Beaucoup peuvent en témoigner. Les philosophes sont comme leurs semblables. Il y a parmi eux des forts et des faibles, des grands et des petits, des lâches et des vaillants, mais aussi des malhonnêtes et des justes, et plus généralement on y retrouve tous les types de la grande comédie humaine. On peut le regretter, mais ce serait perdre son temps.

Dans un autre ordre, j'ai connu d'excellents versificateurs aux mœurs vulgaires et des musiciens sans talent qui étaient de parfaits gentilhommes. C'est injuste, mais c'est la réalité des choses. Cette conclusion est fondée sur l'observation et j'ai suffisamment voyagé pour savoir qu'il s'agit d'une vérité bien établie. La morale n'a aucun rapport avec le talent.

Dans mon cas, je me consolais de mes contradictions en me répétant que je ne cherchais pas la célébrité pour elle-même mais que seule m'importait la diffusion de mes idées. Je crois quand même que la notoriété n'était pas faite pour me déplaire.

J'envoyai donc ma lettre à Mersenne et attendis sa réponse. Je ne m'inquiétais pas des délais car les postes fonctionnaient mal. Certains relais prenaient parfois plus de temps que prévu et l'insécurité de certaines régions obligeait à des détours. Je finis cependant par m'impatienter. Rien n'arrivait. Je guettais l'arrivée du courrier et m'arrangeais pour être là au cas où un pli me serait adressé.

Un soir, alors que je dînais chez un des professeurs de l'université de Leyde, je rencontrai un Français qui me dit avoir entendu parler de mon manuscrit. Je faillis renverser le petit verre de vin que je m'apprêtais à boire et cachai mal mon trouble intérieur. Je l'invitai à poursuivre. Il ajouta que plusieurs savants avaient pris connaissance de mes essais et notamment M. de Fermat dont j'avais critiqué les théories dans ma *Géométrie.*

Une bouffée de chaleur me fit tourner la tête. J'avais maintenant la preuve de cette trahison tant redoutée. Quel était le but visé ? Qui participait à l'intrigue ? Pourquoi mon texte avait-il circulé avant même d'être imprimé ?

Le soir même, je commençai une lettre destinée au père Mersenne. Je lui disais ma déception et ma colère à l'idée qu'il ait abusé de ma confiance. Cela ne me paraissait pas digne de lui. Il était celui à qui je m'étais toujours confié et dont j'écoutais les conseils avec bienveillance. Je terminai d'écrire au petit matin et me couchai sans avoir réussi à retrouver mon calme.

Le lendemain, j'hésitai pourtant à envoyer mon courrier. Je me demandai si mon intérêt n'était pas de me rendre à Paris et de m'expliquer avec ceux qui voulaient me nuire. Une seule chose me retenait : en agissant ainsi, j'allais au-devant des polémiques et je risquais de déclencher la censure. L'affaire était délicate et j'étais partagé entre des sentiments contradictoires.

La colère est mauvaise conseillère et je me méfiais d'une décision trop rapide. Il est toujours dangereux de déraisonner. Je décidai alors de prendre le temps de réfléchir. Je ne voulais pas précipiter les choses. Je retournai à Deventer et retrouvai Francine. C'est là que la réponse de Mersenne m'arriva.

Il m'expliquait qu'il avait entrepris les démarches nécessaires à la publication de mon livre, mais que celles-ci avaient duré plus longtemps que prévu. Ce n'était que la semaine précédente que le roi Louis XIII avait accordé le privilège attendu sous réserve que l'éditeur soit français. Dès lors, aucun obstacle ne s'opposait à la parution de l'ouvrage. Il suffisait de trouver un imprimeur disponible et sérieux, ce qui ne devait pas poser de problèmes.

Mersenne ajoutait que l'obtention du privilège avait nécessité le dépôt du manuscrit et qu'il avait appris que plusieurs copies, souvent partielles, circulaient dans les milieux parisiens. Il en était désolé mais considérait que l'essentiel était d'avoir reçu l'accord des autorités. Mersenne m'annonçait également une autre lettre dans laquelle il me ferait part de ses réactions à la lecture du *Discours*. Il avait encore besoin de temps pour la rédiger car il voulait me poser plusieurs questions concernant des points de doctrine.

Je relus plusieurs fois son courrier et j'en éprouvai un immense soulagement. Comment avais-je pu douter du soutien de Mersenne et de son intégrité ? Un sentiment de honte m'envahit. J'avais agi par impulsion et je m'étais trompé. À l'avenir, je me promis d'être plus mesuré. Mon caractère me jouait parfois des tours. Il est vrai aussi que la vie m'avait rendu méfiant et que mes soupçons étaient souvent justifiés.

Ce soir-là, je me couchai tôt car j'éprouvais une grande fatigue. L'attente de ces dernières semaines avait eu raison de mon énergie.

Le lendemain matin, j'envoyai un mot de remerciement à Mersenne et retournai à Leyde pour surveiller l'impression de mon ouvrage. Trois semaines plus tard, j'avais les premiers exemplaires en main. Nous étions au début du mois de juin 1637. Les livres sentaient bon l'odeur de papier et de colle. Jean Maire avait bien travaillé. La reliure était belle et la composition ne manquait pas d'élégance. Les figures qui illustraient mes traités étaient nettes et précises. Elles étaient exactement ce que je souhaitais.

Les craintes qui m'habitaient depuis que j'avais accepté de rendre publiques mes réflexions s'évanouirent tout à coup. Dans le petit bureau de Jean Maire, je ressentais un grand calme tandis que j'entendais le bruit des presses qui se répercutait dans l'imprimerie. J'étais persuadé que le *Discours* rencontrerait un grand succès et que les lecteurs comprendraient la nouveauté de mes idées. Je vécus ainsi un moment d'euphorie qui ne dura pas longtemps. Les ventes restèrent modestes et mes travaux ne provoquèrent pas les réactions que j'espérais.

J'attendais une reconnaissance du public. Au lieu de ça, je me retrouvai au centre de controverses qui m'occupèrent beaucoup et qui souvent perturbèrent la conduite de mes pensées.

Ma croyance dans le pouvoir de la raison explique pour partie ma grande naïveté. Je pensais qu'il suffisait de bien démontrer pour convaincre et j'avais sous-estimé la capacité de nuisance des théologiens et des savants. J'avais également été trompé par l'enthousiasme communicatif de mes amis. Reneri était au nombre de ceux-là. Il disait que la préface à mes essais instaurait une nouvelle manière de penser et que mes travaux ouvraient des perspectives jusque-là inconnues.

Reneri me connaissait bien et il savait dans quel état d'esprit j'avais rédigé le *Discours de la méthode*. Ce n'était pas un lecteur objectif. Il était depuis longtemps acquis à mes thèses et il était convaincu de la nécessité de rompre avec notre pesante tradition. Nos regards étaient tournés vers l'avenir et nous pensions que l'homme s'affirmerait bientôt comme « maître et possesseur de la nature ».

Il ne m'appartient pas ici de m'étendre sur le contenu du *Discours* ni sur celui des essais. Je renvoie chacun au texte original qui est disponible en plusieurs éditions. Mais il me faut quand même en donner un rapide résumé si je veux expliquer les polémiques déclenchées par la publication de l'ouvrage.

Dans la *Dioptrique*, je m'étais intéressé aux problèmes de la lumière et de la réfraction. J'étudiais aussi la structure de l'œil et le phénomène de la vision dans le but de comprendre comment mieux ajuster des verres taillés. On se souvient que cette question m'occupait déjà à l'époque où j'habitais Franeker et que j'avais essayé de faire venir près de moi un artisan du nom de Ferrier. Il avait refusé et j'avais dû renoncer à poursuivre certaines expériences. Pour autant, je restais persuadé de la nécessité d'améliorer la puissance de nos lunettes. Nos progrès en astronomie en dépendaient directement.

La publication de la *Dioptrique* donna lieu à plusieurs critiques qui portèrent notamment sur ma théorie de la lumière. Elles émanèrent d'abord d'un petit groupe de savants parisiens et de M. de Fermat, qui résidait à Bordeaux. Il avait reçu mon manuscrit par l'entremise de Jean de Beaugrand et il avait cru y déceler certaines contradictions. Ses arguments étaient peu convaincants. J'en pris connaissance dès septembre 1637 et j'écrivis à Mersenne que les observations de Pierre de Fermat montraient simplement qu'il avait regardé mon essai de travers.

J'eus également à répondre à Thomas Hobbes dont la théorie ne s'accordait pas avec la mienne. Il ne fut pas difficile de démontrer qu'il maîtrisait mal le sujet. D'une manière générale d'ailleurs, les attaques dont j'étais l'objet n'étaient guère argumentées. La science de mes adversaires était contestable et leurs démonstrations souvent incertaines.

Le traité des *Météores* s'attachait pour sa part aux nombreux phénomènes naturels dont je souhaitais donner l'explication. Notre monde est rationnel et il n'est pas nécessaire pour le comprendre de recourir à des causes mystérieuses. Nous n'avons pas besoin de croire en l'action de multiples esprits comme je l'ai lu sous la plume de certains auteurs. La création est ordonnée et elle est soumise de part en part aux grands principes de la mécanique. C'était de cette vérité essentielle que je voulais convaincre les lecteurs.

C'est ainsi que, dans le livre premier, j'évoquais la nature des corps terrestres avant de parler des exhalaisons, des vapeurs et de la formation du sel. Dans les chapitres suivants, j'expliquais d'où venaient le vent, la pluie et la grêle et ce qu'étaient les nuées. Puis je traitais des tempêtes, du tonnerre et de la foudre qui n'avaient rien à voir avec une quelconque colère divine. Je m'attardais aussi sur d'autres phénomènes tels que celui de la neige et j'exposais les raisons de l'arc-en-ciel et de ses diverses couleurs.

Ce traité abordait des questions très diverses car j'espérais faire voir que ma méthode était le meilleur moyen pour parvenir à de solides connaissances.

La *Géométrie* était l'essai le plus difficile de mon ouvrage. C'est celui que j'avais rédigé en dernier et j'avais décidé de le joindre aux deux autres après quelques hésitations. Je l'avais divisé en trois livres respectivement intitulés : *Des problèmes qu'on peut construire sans y employer que des cercles et des lignes droites, De la nature des lignes courbes* et *De la construction des problèmes ou plus que solides.* Mon intention était de montrer comment l'algèbre et la géométrie pouvaient être regroupées en une même discipline et comment cette démarche nouvelle permettait de mieux traiter les équations.

Tout ceci peut paraître très abstrait aux yeux d'un lecteur non initié. Je le comprends parfaitement. Je regrette d'ailleurs de ne pas avoir suffisamment expliqué dans cet essai ce que je cherchais à faire. Faute de temps, je suis allé à l'essentiel sans me mettre toujours à la portée du public.

Il me faut ajouter que la *Géométrie* est un traité un peu particulier. Contrairement au reste de l'ouvrage, j'ai cédé à la tentation de m'adresser aux savants. C'était sans doute une erreur et je m'en repends aujourd'hui. La science mérite d'être accessible au plus grand nombre et j'aurais dû faire preuve de meilleure pédagogie.

Je ne sais pas ce que la postérité me réserve, mais je pense que mes traités seront lus encore longtemps. La *Dioptrique*, les *Météores* et la *Géométrie* illustrent ce qu'est la science moderne.

Le *Discours de la méthode* aura peut-être moins d'avenir. C'est pourtant un texte auquel je suis attaché. Pour la première fois, mes principes étaient exposés et j'entreprenais de combattre les préjugés de l'époque. Il faudrait donc que j'en dise un mot, mais ce soir je suis fatigué d'écrire.

Je reprendrai mon récit demain. Des frissons traversent mon corps et la lourde pelisse qui entoure mes épaules ne suffit pas à me protéger du froid.

Tout à l'heure, le feu était près de s'éteindre et j'ai eu peur de ne pas avoir assez de bois. Le vent perce les murs de cette grande bâtisse et siffle au travers des arbres. Le parc est désert, mais j'entends parfois des hurlements qui ressemblent à ceux du loup. Je ne sais pas ce qu'est Stockholm pendant l'été, mais cet hiver est redoutable. Il faut beaucoup d'énergie pour résister à ce climat.

La quinzaine passée, j'ai été pris de vomissements sans raison particulière et je suis resté alité deux jours de suite. Chanut a fait venir un médecin qui s'est montré rassurant. Il a évité de me saigner et m'a prescrit une potion amère que je bois chaque matin et chaque soir avant de me coucher. Le remède semble faire son effet.

Puis Chanut est parti en mission pour une semaine complète. Sa femme l'accompagne. Je me trouve donc seul dans cette résidence et je reste la plupart du temps enfermé dans ma chambre. Je n'ai pas grand monde à qui parler à l'exception de Schlüter, qui est mon domestique particulier, venu avec moi de Hollande. Une lumière triste perce le ciel et la neige envahit les rues. L'air du dehors me ferait du bien, mais j'ai peur de glisser sur une plaque de verglas. Je ne suis pas équipé pour sortir et je ne voudrais pas me casser une jambe. Personne ici ne doit savoir réduire une fracture.

À d'autres époques, je me serais réjoui de cette solitude et j'en aurais profité pour méditer au calme. Malheureusement, je n'ai plus la force de travailler comme avant. Mes pensées tournent court. J'ai du mal à me concentrer et ce qui était autrefois si facile devient pour moi compliqué. J'ai presque abandonné les mathématiques et je me contente, en métaphysique, de répéter ce que j'ai déjà écrit. Vieillir est une catastrophe. Mon corps m'abandonne et je peine à ordonner mes idées. Moi qui ai tant aimé philosopher, je me trouve réduit à relire de vieux manuscrits que je n'arrive même plus à corriger. Je classe mes papiers en attendant de mourir dans cette chambre isolée du monde.

Par chance, ces derniers temps, la reine Christine ne m'a pas demandé. Les affaires de l'État l'accaparent et j'espère que cela durera le plus longtemps possible. Chanut m'a expliqué qu'il y avait de l'agitation diplomatique et que de grandes manœuvres se préparaient en Europe. Il m'a parlé de retournements d'alliances et de tractations secrètes entre grandes puissances. J'avoue avoir eu du mal à suivre ses raisonnements. Beaucoup de noms cités m'étaient inconnus et mes maux de tête m'empêchaient d'être vraiment attentif. Mais j'ai retenu que la paix était fragile et que nos princes aimaient toujours autant la guerre.

J'arrête maintenant d'écrire car mes doigts s'engourdissent. C'est une sensation désagréable que je mets sur le compte du froid. Je sais que ce n'est pas la bonne explication, mais je préfère me mentir plutôt que d'affronter la vérité. Il est trop difficile de regarder la mort en face.

Je mesure aujourd'hui combien la publication du *Discours* m'a fait perdre de temps. Dans les mois qui suivirent, je fus en effet beaucoup sollicité et je répondis à de nombreux courriers. Fidèle à mon habitude, j'avais très peu d'interlocuteurs directs et tout passait par Mersenne. Lui-même ne savait pas toujours où je me trouvais. Il envoyait ses lettres à la dernière adresse connue et je m'arrangeais pour les récupérer quand il m'en prenait l'envie. En fonction de mon humeur, je répondais alors plus ou moins vite aux observations qui m'étaient adressées.

Le *Discours* ne se vendit pas, mais mes essais suscitèrent réactions et commentaires. Il est vrai que j'avais envoyé mon ouvrage à certains savants en les remerciant par avance de leur avis. J'avais aussi fait réaliser des tirés à part, notamment de ma *Géométrie*, pour un petit nombre de destinataires. Mersenne m'avait aidé à en établir la liste. Il avait autour de lui un cercle de correspondants qui fonctionnait comme une académie. Le groupe se réunissait chez les uns et chez les autres et chacune de ces réunions était l'occasion d'évoquer des sujets relevant des différentes sciences. Ma *Géométrie* donna lieu à plusieurs débats, ce qui n'était pas pour me déplaire. Il y avait là des mathématiciens de qualité qui discutaient mes démonstrations.

Je dois aussi confesser que j'intriguais pour faire reconnaître mes travaux par la Compagnie de Jésus. Mon but était simple. Je savais que les jésuites réfléchissaient à une évolution de leurs programmes d'enseignement et j'espérais les convaincre de reprendre l'essentiel de mes théories. Cette idée un peu folle m'avait été suggérée par un ami de Reneri. Celui-ci travaillait à Rome et il se proposait d'appuyer mes démarches.

Dès la sortie du *Discours*, j'envoyai un exemplaire au père Étienne Noël, qui avait été mon professeur au collège de La Flèche. Par son entremise, j'imaginais intéresser sa hiérarchie. Ce fut un échec. Le père Noël se contenta d'accuser réception de mon livre et, en dépit de mes relances, il refusa de m'aider. Je n'ai même jamais su ce qu'il pensait de mon ouvrage. Il considérait sans doute que l'affaire le dépassait et qu'il prendrait de trop gros risques à s'exposer de façon officielle.

J'essayai alors de solliciter d'autres appuis, mais je ne reçus que des réponses dilatoires. Le père Vatier, qui jouait à l'époque un rôle important, actionna ses réseaux, mais la Compagnie refusa de prendre parti. Les jésuites ne voulaient pas montrer de sympathie pour mes idées. Plus tard, j'appris que les ordres venaient de haut. Le Saint-Siège veillait à l'orthodoxie et mon livre dérangeait. J'en fus meurtri et cette blessure s'ajouta à celles causées par la bassesse de certaines critiques et les différentes conjurations qui s'organisaient.

Mes tentatives étant vaines, j'abandonnai l'espoir de traiter avec la Compagnie. J'escomptais simplement sa neutralité dans les débats à venir. C'était une preuve de plus de ma grande naïveté et j'allais vite déchanter. Les jésuites préparaient leur contre-attaque. Mes idées étaient jugées dangereuses et, en 1640, je fus l'objet d'une série de critiques orchestrée par un professeur parisien.

J'anticipe ici sur le cours des événements et j'espère qu'on voudra bien me le pardonner. Il est parfois difficile de respecter la stricte chronologie quand on cherche à traduire la vérité des faits. Je veux ne rien cacher des médisances auxquelles j'ai été confronté pour faire comprendre au lecteur la violence de l'époque.

L'offensive fut menée par un mathématicien dont la médiocrité intellectuelle était connue de tous. Il s'appelait Bourdin et appartenait à la Compagnie de Jésus. Au cours d'une discussion publique organisée au collège de Clermont, il se livra à une étude malveillante de ma *Dioptrique.* À cette occasion, il me prêta propos et raisonnements que je n'avais jamais tenus. Mersenne, qui assistait à la réunion, m'alerta quelques semaines plus tard et m'indiqua qu'un libelle circulait contre moi. L'écrit était de la main de cet homme, qui critiquait ma méthode sans en avoir compris le moindre mot.

J'aurais pu traiter l'affaire par le mépris, mais je me méfiais des conséquences de ces accusations sur des esprits mal préparés. Je pris donc la peine de répondre afin de rectifier les erreurs les plus manifestes, notamment celles qui insinuaient que ma méthode conduisait à l'athéisme.

Ce n'était pas la première fois qu'un tel reproche m'était adressé. J'avais rencontré des difficultés semblables avec un professeur de théologie protestante dénommé Gisbertus Voetius. Celui-ci exerçait sa profession à l'université d'Utrecht. Il affirmait que ma philosophie remettait en cause les fondements de la foi et demandait aux autorités d'interdire l'enseignement de mes idées. Voetius n'était pas seul. Il avait avec lui de nombreux professeurs bien décidés à contrer mes théories.

On voit ici que jésuites et protestants s'accordaient pour me critiquer. Mes adversaires partageaient le même goût pour les mensonges et la calomnie.

Dans le *Discours de la méthode*, j'avais expliqué les raisons pour lesquelles je considérais comme faux ce qui n'était que vraisemblable. Cette prudence permettait de récuser les connaissances approximatives dont mon esprit était encombré. C'était un moment nécessaire pour s'assurer ensuite de solides vérités. Je faisais table rase pour mieux reconstruire.

Voetius dénonçait ce cheminement de pensée. Il s'inquiétait d'un doute volontaire et assimilait ma façon de faire à celle des sceptiques. Ma méthode, à ses yeux, était dangereuse car elle se confondait avec le discours des libertins ou celui de certains savants qui critiquaient plus ou moins ouvertement le contenu de notre religion.

Voetius refusait de comprendre que le doute était un passage obligé dans ma démarche philosophique. Je n'en restais pourtant pas là. Après le doute venait la vérité. Les sceptiques étaient mes ennemis au même titre que les dogmatiques. Je l'avais souvent affirmé, mais Voetius refusait de m'écouter. Je me demandais pourquoi. Ce n'est que plus tard que je découvris les raisons de son attitude.

Voetius était acharné à combattre mes idées car il voulait contrer l'influence croissante de Reneri. Il visait la présidence de l'université d'Utrecht et cherchait à écarter un concurrent potentiel. Derrière le débat d'idées se livrait une guerre de pouvoir. Nos professeurs cachent parfois leurs véritables motifs, surtout quand il s'agit de considérations matérielles.

J'étais devenu l'otage d'une situation détestable et les hostilités entre les deux camps prirent une vilaine tournure. Chacun avait ses partisans et les coups bas étaient nombreux. On s'accusait mutuellement de mensonge et des écrits anonymes circulaient parmi les étudiants. C'était le plus souvent des textes plein d'injures et de calomnies. Mes traités scientifiques étaient caricaturés et mon *Discours de la méthode* était dénaturé par les amis de Voetius. Partout en Hollande, une grande confusion régnait dans le débat d'idées.

C'était vrai aussi de la France où les polémiques se multipliaient, inspirées le plus souvent des critiques de Bourdin. Je répondis à mes détracteurs et rendis publiques plusieurs lettres rédigées dans le but de rétablir la vérité des faits. J'en appelai aussi à différentes personnalités de la Compagnie de Jésus et dénonçai la fausseté des accusations lancées contre moi.

Mersenne, de son côté, relaya mes efforts et nos actions conjuguées permirent de contenir le flot des critiques. Je me fis cependant un ennemi juré du père Bourdin. Il ne s'en cachait pas et, dans une de ses conférences, il déclara qu'il prendrait un jour sa revanche.

Plus tard, je devais ainsi le retrouver contre moi. C'était peu après la publication de mes *Méditations métaphysiques.* Cela ne me surprit pas. Je m'attendais à une réaction de sa part. C'est un moyen bien connu des esprits médiocres que de s'attaquer à un auteur reconnu. Ils espèrent par ce biais recueillir quelques fruits de sa notoriété. Bourdin en était un bon exemple. Il ne réussit pas toujours à convaincre, mais il fit partie de ceux qui me nuirent et qui entravèrent la reconnaissance de ma philosophie.

Le *Discours de la méthode* entraîna deux types de réactions. Les premières venaient de ceux qui partageaient mes idées. Ils me le firent savoir très vite. Il y avait là des personnalités aussi diverses que Mersenne, Chapelain, Guez de Balzac, Huygens bien sûr, Jean-Baptiste Morin de Villefranche, professeur au Collège royal, ou le père Vatier. Des mathématiciens également tels que Girard Desargues et Florimond de Beaune m'adressèrent des messages de sympathie et d'encouragement. Ils ne doutaient pas que je serais attaqué, mais ils étaient prêts à répondre à mes opposants. Je pouvais compter sur eux. La polémique ne leur faisait pas peur car ils avaient déjà mené d'autres combats.

Parmi ces lecteurs attentifs se trouvaient aussi des médecins qui s'intéressaient à la circulation du sang et qui, pour la plupart, avaient lu Harvey. Ils m'expliquèrent leurs propres recherches et je découvris que nous étions nombreux à nous intéresser au fonctionnement du corps humain.

Les autres réactions provenaient de ceux qui se liguaient contre moi par refus de la nouvelle science et par jalousie. Mes pensées étaient contestées, ainsi que le prétendu bénéfice que j'en pouvais tirer. Les méthodes les plus douteuses furent employées. On m'accusa d'avoir copié certains auteurs et de m'être approprié leurs découvertes. Beaugrand, par exemple, affirma que j'avais plagié Viète et des pamphlets circulèrent à la suite de ses mensonges.

La vérité est bien différente. J'ai très peu lu Viète et quand j'ai écrit ma *Géométrie*, je ne connaissais pas ses travaux de mathématiques. Il était mort au début du siècle et ses ouvrages étaient difficiles à trouver. Pour moi, ce n'était qu'un nom. Ses trouvailles ne m'auraient été de toute façon d'aucune utilité. J'avais conçu mes idées par moi-même et n'avais nul besoin de lui pour élaborer mes théories. Son algèbre est confuse en comparaison de ce que j'ai écrit. Les calomnies de Beaugrand étaient ridicules, d'autant que lui-même ne s'est jamais gêné pour s'approprier les idées des autres. Il a fini d'ailleurs par se brouiller avec ses amis. C'était un mauvais mathématicien dont l'Histoire s'empressera d'oublier le souvenir.

Je ne citerai pas le nom de tous ceux qui portèrent à mon encontre des critiques infondées. Ils ne méritent aucun crédit. Il y avait parmi eux des théologiens et des savants, des professeurs de la Sorbonne et des hommes d'Église qui s'efforcèrent tous de trouver dans mes traités des erreurs de raisonnement. Ils en furent pour leurs frais et finalement je ne dois rien regretter. Les exemples qu'ils prirent me permirent souvent d'apporter des explications complémentaires et de mieux assurer mes démonstrations.

Toutefois, parmi ces gens, je veux faire un sort particulier au sieur de Roberval. Il médit de ma *Géométrie* et tenta d'en démontrer les insuffisances. À plusieurs reprises, je lui répondis vertement et on me rapporta qu'il s'était offusqué de mon ton. Je conviens que j'eus la plume sévère et qu'il fut sans doute surpris des images que j'employai. Je n'avais pas résisté au plaisir de le comparer à ces petits chiens dont les aboiements ridicules font rire les passants. Les critiques de Roberval étaient toutes de mauvaise foi et elles témoignaient surtout d'un esprit chagrin. Sa plume était trempée dans l'envie et rien de ce que j'écrivais ne trouvait grâce à ses yeux.

Je pourrais en dire autant de beaucoup d'autres personnes, mais je préfère m'arrêter là. Elles ne méritent pas mon indignation. J'ai répondu à bon nombre de leurs écrits car je péchais par scrupules. Ils m'ont fait perdre du temps et donné parfois soucis. Je peux avoir le caractère vif et m'emporter facilement. La sottise attise ma colère. Je le regrette ensuite, mais il est souvent trop tard. Ma nature profonde me joue des tours. De plus, je résiste difficilement à l'attrait d'un bon mot. J'aime mettre les rieurs de mon côté, mais ce n'est pas toujours une bonne idée.

Il est difficile de se tenir à l'écart des polémiques. Le silence est souvent perçu comme un aveu de faiblesse. Il faut donc accepter de participer aux querelles. J'en ai fait l'expérience à Paris, mais aussi du côté des Provinces-Unies où les disputes étaient nombreuses.

Reneri avait été mon premier et mon plus fidèle partisan. Dès la parution du *Discours*, il avait organisé plusieurs lectures publiques et, dans ses cours, il ne manquait pas de défendre ma méthode. Il voulait que ses étudiants adhèrent à mes idées. Mais Utrecht était une exception. Dans la plupart des universités mes pensées furent rejetées et les professeurs continuèrent d'enseigner comme si mon ouvrage n'existait pas.

À Louvain, par exemple, je fus la proie d'attaques répétées et je compris que mes vérités mettraient du temps à cheminer dans l'esprit des savants. On me rapporta qu'un vieux professeur de théologie terminait chacune de ses interventions par une prière. Il appelait Dieu à me punir pour mes écrits hérétiques.

Mes contradicteurs étaient souvent peu scrupuleux, mais il y avait un point sur lequel ils avaient raison. Ils me reprochaient de n'avoir pas tout dit et d'avoir caché certains principes qui jouaient un rôle déterminant dans mon interprétation des phénomènes naturels. J'avais agi par précaution car les censeurs romains étaient vigilants. Mes amis qui connaissaient mon *Traité du monde et de la lumière* savaient que je partageais les conceptions de Galilée, mais comme je me refusais à publier ce premier essai, mes démonstrations souffraient parfois d'un manque d'explications.

Je restais cependant sur ma position. L'heure n'était pas venue de dévoiler l'ensemble de mon système. Je souffrais déjà de trop de contrariétés. Les critiques qui m'étaient adressées ne me laissaient pas indifférent. Bien sûr, je faisais mine de ne pas en être affecté, mais certains propos étaient blessants et j'étais triste de n'être pas compris. J'essayais de me consoler en travaillant.

Le matin, comme souvent, je restais au lit et je profitais de ces moments pour réfléchir à des questions d'ordre métaphysique. Je commençais à me convaincre de me remettre à l'ouvrage. Les notes s'accumulaient sur le papier, et dans ma tête tournait l'idée d'un nouveau projet. C'était tout l'exposé de ma philosophie que j'imaginais reprendre.

Le *Discours de la méthode* avait été rédigé pour un public d'honnêtes gens et j'avais tout fait pour en faciliter la lecture. Le texte se présentait comme une sorte de portrait et il retraçait le cheminement de ma pensée. C'était un récit qui ne traduisait pas la réalité de ma vie. Ce n'était pas ce qui comptait. J'avais reconstruit mon histoire personnelle dans l'idée de partager une expérience et de montrer comment j'avais élaboré mon système.

Ma philosophie était en rupture avec la façon de penser enseignée dans les écoles. Celle-ci s'appuyait sur la lecture des Anciens et respectait généralement la règle des disputes médiévales. Les professeurs commençaient par exposer diverses opinions exprimées sur un même sujet. Le débat s'installait ensuite. Les arguments s'opposaient les uns aux autres. Puis, en conclusion, les éléments de doctrine étaient rassemblés sous forme de synthèse.

Cette façon de procéder n'est pas satisfaisante. La vérité ne se trouve pas en confrontant des points de vue contradictoires. Elle doit s'imposer de manière évidente à tout homme de bon sens ayant appris à raisonner. La vérité n'est jamais un compromis. Elle est absolue ou elle n'est pas.

Ma méthode était une réponse aux discours des sceptiques et des athées, même si elle passait par une phase de doute méthodique. Nous pouvions en effet être abusés de multiples façons. J'imaginais par exemple la création comme un mirage ou comme le rêve cohérent d'un cerveau endormi. Plus tard, dans mes *Méditations métaphysiques*, j'allais jusqu'à supposer l'existence d'un mauvais génie qui employait toute sa puissance et toute sa ruse à me tromper.

C'est pour résister à cette entreprise maligne que je décidai de résister. J'écrivis ceci dans ma première méditation métaphysique : « Je penserai que le ciel, l'air, la terre, les couleurs, les figures, les sons et toutes les choses extérieures que nous voyons, ne sont que des illusions et tromperies, dont il se sert pour surprendre ma crédulité. Je me considérerai moi-même comme n'ayant point de mains, point d'yeux, point de chair, point de sang, comme n'ayant aucun sens, mais croyant faussement avoir toutes ces choses. »

Toutefois, ce doute radical conduisait à affirmer la certitude de mon existence, et cette vérité devenait la pierre angulaire de toute ma philosophie. Il y avait en effet une chose qui n'était pas contestable au moment même où je doutais : c'était précisément le fait que je sois en train de douter et donc de penser. La pensée est un attribut qui appartient au plus intime de mon être. Elle ne peut pas m'être retirée. « Je suis » chaque fois que je pense. Je suis une chose qui pense, « c'est-à-dire une chose qui doute, qui conçoit, qui affirme, qui nie, qui veut, qui ne veut pas, qui imagine aussi, et qui sent ».

Dès le *Discours de la méthode*, j'avais démontré l'existence de Dieu, qui était nécessairement un être bon et parfait. De ce fait, Il ne pouvait nous égarer volontairement. Ce point était essentiel car il garantissait l'accès à la vérité. Il était donc possible d'échapper à l'erreur sous réserve de ne tenir pour vraies que les choses conçues de manière fort claire et fort distincte.

Telles étaient les fondations de mon système. La métaphysique justifiait la science. Le travail des savants avait un sens et c'est ce que j'avais depuis longtemps cherché à démontrer. À mes yeux, il ne suffisait pas d'être un bon géomètre pour comprendre le monde. Notre savoir devait s'enraciner de façon plus profonde.

Plus tard, dans ma lettre-préface à mes *Principes de la philosophie*, je précisai d'ailleurs ceci : « Toute la philosophie est comme un arbre dont les racines sont la métaphysique, le tronc est la physique, et les branches qui sortent de ce tronc sont toutes les autres sciences, qui se réduisent à trois principales, à savoir la médecine, la mécanique et la morale ; j'entends la plus haute et la plus parfaite morale, qui, présupposant une entière connaissance des autres sciences, est le dernier degré de la sagesse. »

Cette image de l'arbre illustre bien ma vision de la science. Celle-ci ne peut se suffire à elle seule. Elle a besoin de la métaphysique pour trouver ses fondements et justifier ainsi ses travaux. Les savants sont peu de chose s'ils ne réfléchissent pas à leur art.

Cette image montre aussi que je ne m'intéressais pas uniquement à la métaphysique et à la physique, mais également à d'autres domaines et en particulier à la morale. Ma méthode n'avait pas que des visées théoriques. Elle se voulait d'application pratique. Nous avions à nous comporter de bonne manière dans les circonstances de la vie et j'espérais écrire un jour une « parfaite morale » pour nous y aider. Pour autant, au moment du *Discours*, je n'étais pas en mesure de rédiger cette partie de mon programme et suggérais d'adopter une morale « par provision ».

Le doute est un moment nécessaire dans l'élaboration de ma métaphysique, mais il est impensable dans l'existence quotidienne. Une attitude irrésolue empêche d'agir. Or nous devons vivre dans la cité des hommes. Il nous faut sans cesse décider car, au contraire des animaux, nous n'obéissons pas à nos seuls instincts. Nous sommes des êtres libres que Dieu a dotés d'un entendement et d'une volonté.

Je proposais donc une réponse qui n'était qu'à moitié satisfaisante. C'était un choix par défaut. Il s'agissait de suivre les opinions les plus probables en attendant d'être éclairé par la vérité. Dans le *Discours de la méthode*, je livrais ainsi quatre maximes qui assuraient les conditions d'une bonne existence. Je parlais d'expérience car très tôt j'avais suivi mes propres conseils et je m'en étais bien porté.

La première consistait à « obéir aux lois et aux coutumes de mon pays » car dans ce domaine je m'inclinais volontiers devant la tradition. L'essentiel est ailleurs. J'avais entrepris de refonder notre savoir et non de contester nos habitudes ou le pouvoir de notre roi. Mes nombreux voyages m'avaient d'ailleurs appris qu'en matière de mœurs la réalité est très différente d'une région à l'autre et que chaque peuple se reconnaît dans une Histoire différente.

La deuxième proposait d'être « le plus ferme et le plus résolu en mes actions que je pourrais ». Je voulais éviter de me retrouver dans la situation d'un voyageur égaré en forêt qui changerait sans cesse de direction au lieu de marcher droit, ce qui est la seule façon d'arriver quelque part. La vie nécessite d'avancer avec détermination. L'indécision est perte de temps et se révèle dangereuse quand les événements exigent des décisions rapides. Imagine-t-on un capitaine de navire qui laisserait dériver son bateau sous prétexte de mauvais instruments ? Il faut fixer le cap pour éviter les écueils et ne pas se retrouver échoué au premier coup de vent venu.

La troisième maxime reposait sur l'idée de « toujours changer ses désirs plutôt que l'ordre du monde ». Il s'agissait ici de faire nécessité vertu et de reconnaître que la réalité s'impose à nous. J'avais bien conscience que cette maxime n'était pas facile à accepter, mais elle évitait d'être trop malheureux.

J'ai vu autour de moi beaucoup d'hommes perdre jusqu'à leur raison pour tenter de satisfaire des rêves chimériques. J'en ai toujours été surpris. Nous sommes animés de multiples tentations dont il faut apprendre à se défaire. C'est un travail d'ascèse qui est long et difficile. Il permet cependant de ne pas ressembler à ces hommes riches qui trouvent à se comparer à un homme encore plus riche et qui en éprouvent aussitôt du dépit. Ils vivent dans les affres de la jalousie au lieu de profiter des bienfaits de leur fortune.

La dernière maxime, enfin, proposait d'employer sa vie à cultiver sa raison et à avancer autant que possible « en la connaissance de la vérité » suivant la méthode que je prescrivais.

Le lecteur disposait ainsi des règles nécessaires à la conduite de sa vie. Ces conseils étaient donnés dans l'attente de cette morale définitive que j'avais annoncée comme étant « le dernier degré de la sagesse ». Ce n'était qu'une question de temps et, à l'époque, j'étais persuadé que je serais rapidement en mesure d'en préciser le contenu.

Je dois dire que, sur ce point, je me suis trompé. Cet aveu est difficile à faire car c'est reconnaître que mon système ne donne pas les fruits escomptés. Les mathématiques offrent un savoir certain et c'est à partir de ce modèle que j'ai imaginé ma méthode. Je voulais par de longues chaînes de raison atteindre des vérités indubitables. Cette philosophie, reposant sur des démonstrations rigoureuses, a fait la preuve de son efficacité. J'ai notamment établi des certitudes métaphysiques qui finiront par s'imposer.

Pour autant, je n'ai jamais réussi à écrire ma morale définitive. Celle-ci refuse de se laisser déduire de quelques grands principes. Ici, nous ne sommes plus dans l'univers rassurant de la géométrie et, finalement, je n'ai rien d'autre à proposer que mes conseils provisoires. Cette parfaite morale n'était qu'une chimère. Une illusion à laquelle j'ai dû renoncer.

La philosophie ne donne pas de réponse à tout et mon système est comme un magnifique palais auquel le toit manquerait. Les habitants y trouvent refuge, mais restent exposés aux intempéries naturelles. Ma méthode a ses limites et je comprends pourquoi il est si difficile de se gouverner dans l'existence. La morale n'est pas la science. Elle ne relève pas de la même rigueur. Il lui manque cette logique incontestable que donne une démonstration bien menée.

Ce constat ne justifie pas de remettre en cause ma méthode dont je continue d'affirmer qu'elle ouvre de grandes perspectives. Il n'est que de relire les deux dernières parties du *Discours* pour s'en convaincre. Je n'ai rien à retirer de ces pages dans lesquelles j'ai dit ma confiance en l'avenir de l'humanité. C'est là que j'ai affirmé que nous connaîtrions bientôt « la force et les actions du feu, de l'eau, de l'air, des astres, des cieux, et de tous les autres corps qui nous environnent, aussi distinctement que nous connaissons les divers métiers de nos artisans ».

Je suis persuadé de cette vérité. Un jour prochain, nous dominerons la nature. Nous serons maîtres de notre destin et nous repousserons très loin toutes nos limites. Nous conserverons notre santé et nous pourrons nous exempter d'« une infinité de maladies, tant du corps que de l'esprit, et même aussi peut-être de l'affaiblissement de la vieillesse », si on a assez de connaissance de leurs causes, « et de tous les remèdes dont la nature nous a pourvus ».

La médecine fait chaque jour de nouveaux progrès et, dans le *Discours de la méthode*, j'ai rêvé de vivre très vieux. Rien ne justifie de mourir. Notre corps est une mécanique et il doit se réparer comme le mouvement des automates est réparé par d'habiles artisans. Certains diront que je déraisonnais. C'est possible, mais ces pensées étaient douces car il y avait Francine. Je me refusais à la quitter. Je voulais la voir grandir. Son existence était devant elle et j'avais beaucoup à lui apprendre. Un siècle n'était pas suffisant pour tous nos projets. Et puis j'aimais la serrer dans mes bras et sentir battre son cœur contre le mien.

Mais voilà, Francine est morte et le rêve s'est brisé. J'ai continué à beaucoup travailler, mais la vie avait perdu sa saveur. À quoi sert-il de dominer le monde si nous ne sommes pas heureux ? Penser n'est pas une consolation et devant le malheur les philosophes sont aussi démunis que les autres hommes.

Tandis que je polémiquais à défendre le *Discours de la méthode*, je changeai plusieurs fois de résidence. Il m'était toujours aussi difficile de rester trop longtemps à la même place. Puis, pour les raisons que j'ai indiquées, je décidai de me fixer à Santpoort.

Je choisis une maison d'aspect plutôt modeste et profitai de mon installation pour réduire mon train de vie. Je ne gardai qu'une seule gouvernante qui s'occupait tout à la fois de mes affaires et de la cuisine. Je ne m'étais jamais beaucoup préoccupé de ma situation financière, considérant que mes rentes étaient suffisantes pour vivre sans compter. Ce n'était pas tout à fait le cas et, sans être dans la gêne, je pris la sage résolution de dépenser un peu moins.

À Santpoort, j'organisai ma vie de manière à bien travailler. J'avais un jardin et je découvris le plaisir de m'en occuper. C'est là que j'ai commencé à m'intéresser à la botanique. L'exercice me faisait du bien et comme mon corps était fatigué, je dormais mieux.

Francine aimait me voir ramasser des légumes et des fruits. Elle jouait à mes côtés et, de temps en temps, elle remplissait son petit panier qu'elle portait ensuite jusqu'à la cuisine. Ses genoux étaient sales et j'avais moi-même les ongles noirs de terre. Nous prenions l'eau du puits et je la nettoyais avec un mauvais savon acheté dans la région. Les poules nous donnaient des œufs et la gouvernante allait dans les fermes environnantes acheter ce qui nous manquait. C'était un bonheur simple que je n'avais jamais connu. Le climat de la région m'était profitable. Je me remis à écrire le matin dans le calme de cette petite maison.

Je prévins Mersenne que dorénavant je n'aurais plus autant de temps pour répondre aux courriers de mes correspondants et lui demandai de garder la plupart des lettres qu'il recevait. Je ne voulais pas être distrait. L'essentiel de mes forces devait être consacré à l'écriture de mon prochain ouvrage.

« Vous avez donc un nouveau projet ? demanda-t-il.

– Oui, fis-je.

– J'ai hâte d'en connaître le sujet. Nous parlons souvent de vous dans nos petites réunions. L'air de Paris ne vous manque-t-il pas ? Nous serions tous très heureux de vous revoir ici.

– Pour l'instant, je ne peux rien dire. J'ai encore besoin de beaucoup réfléchir. Mais vous serez mon premier lecteur. Je suis toujours dans l'attente de vos conseils. Sans vous, mes difficultés seraient bien plus nombreuses. Je sais ce que vous faites pour me défendre et vous en suis infiniment reconnaissant.

– J'essaye simplement d'ouvrir les yeux de nos contemporains. Votre philosophie n'est nullement mauvaise et nous gagnerions tous à comprendre vos pensées.

– Vous êtes un homme de Dieu et votre aide est précieuse. Ne changez surtout pas. L'Église a besoin de gens comme vous. La science progresse à un rythme rapide. Elle ne se construit pas contre la foi, mais ses vérités sont incontestables. »

Je résume dans ce petit dialogue le contenu de plusieurs de nos lettres. J'aimais correspondre avec Mersenne, mais aussi avec certains scientifiques qui me faisaient part de leurs remarques. J'étais attentif à leurs questions. Ma méthode était l'objet de débats et j'en étais plutôt content.

Je voulais maintenant m'adresser au cercle des savants et décidai d'écrire en latin ce qui allait devenir mes *Méditations métaphysiques.* Il est vrai aussi que mes inquiétudes s'étaient calmées depuis mon arrivée à Santpoort. J'étais moins tourmenté et mes douleurs de dos s'atténuaient. Je n'avais presque plus de dérangements intestinaux et je découvrais la joie de vivre en paix avec son corps.

Ces mois passés dans cette jolie région des Pays-Bas appartiennent aux rares moments d'apaisement de mon existence. J'avais trouvé un bon équilibre entre mon travail et mes temps de loisir. Je poursuivais aussi mes recherches en anatomie grâce à un de mes amis. Il m'avait introduit auprès d'une communauté de médecins. Certains jours, je me rendais à Leyde ou à Amsterdam et je participais à des séances de dissection.

Les cadavres étaient fournis par des hospices, trop contents de se débarrasser des corps de nécessiteux que personne ne réclamait. Nous n'acceptions que des morts récents dont les organes ne présentaient aucune trace de décomposition. Je revois la petite cave que nous avions aménagée à Amsterdam et les tables en pierres grises sur lesquelles nous opérions. Nous commencions tôt le matin et gardions le silence le temps de nos expériences. La lumière des lampes était tout juste suffisante. Un garçon de salle nous aidait dans nos manipulations. Il était jeune et légèrement bossu. C'est lui qui vidait les seaux de sang et de viscères. Il nettoyait nos paillasses quand nous avions terminé.

J'ai beaucoup appris durant tous ces mois sur le cœur et les poumons et je me suis attaché à comprendre les mécanismes de la digestion. Nous étions plusieurs à travailler sur le sujet et nos propos étaient très libres. Beaucoup de choses étaient encore inexpliquées et nous aimions échanger nos idées.

Le cerveau aussi m'intriguait. Je n'avais pas renoncé à trouver le point de jonction de l'âme et du corps et c'était toujours avec émotion que je m'attachais à découper cette matière nerveuse dont le toucher est si particulier. La médecine est une science expérimentale. Nous avons besoin de connaître les rouages du corps et la circulation des fluides pour soigner les maux de l'humanité.

Les *Méditations métaphysiques* furent rédigées assez vite et j'en adressai une version quasi définitive à Mersenne dès le mois de juillet 1640. J'en profitai aussi pour lui soumettre le texte d'une dédicace destinée aux autorités de la Sorbonne. Je voulais éviter les erreurs faites au moment de la publication du *Discours de la méthode.*

L'expérience m'avait appris qu'il ne suffisait pas de dire la vérité pour que celle-ci soit reconnue comme telle. Il me fallait des appuis, même si jusque-là j'avais rechigné à solliciter les puissants. J'avais craint de me compromettre. Je n'avais pas l'âme d'un courtisan et je voulais conduire ma vie en homme libre. Mais j'avais été en butte à la jalousie des tiers et j'avais découvert la capacité des médiocres à faire échec au meilleur des projets. Je cherchais donc à me prémunir en m'assurant que mon écrit recevrait cette fois-ci la bénédiction des maîtres de la Sorbonne.

J'acceptai aussi les suggestions de Mersenne de retrancher de mon texte plusieurs passages susceptibles de relancer d'inutiles polémiques. Ces passages concernaient principalement les questions relatives à la transsubstantiation, c'est-à-dire à la capacité du pain et du vin d'être corps et sang du Christ par le miracle renouvelé de l'eucharistie. Mes idées sur ce sujet me semblaient compatibles avec le dogme chrétien, mais je fis confiance à Mersenne qui connaissait mieux que moi les hommes d'Église et leurs possibles réactions.

Ce n'était pas d'ailleurs la seule mesure de prudence que j'adoptai. Je m'inquiétais des réactions des savants et donnai mon accord à Mersenne pour qu'il fasse circuler mon texte avant même sa publication. Je cherchais des avis autorisés et souhaitais que mes *Méditations* soient lues à la fois par des théologiens et des géomètres. Dans cet esprit, j'avais donné à Mersenne une liste de correspondants dont je connaissais l'influence. Mersenne en accusa réception, mais il ne suivit pas exactement mes recommandations. Il proposa mon ouvrage à plusieurs de ses propres interlocuteurs dont certains me détestaient cordialement.

De mon côté, je fis lire le manuscrit à quelques représentants de l'Église catholique qui résidaient aux Provinces-Unies. Je montrais ainsi que je restais fidèle à la foi de mon enfance et que ma vie dans un pays protestant ne m'avait pas éloigné des vérités de la religion. Toutes ces précautions devaient permettre à mes *Méditations* d'être reçues sans malentendus. Dans le même temps, je me proposais de rédiger un manuel de philosophie destiné aux professeurs. Je voulais leur faciliter le travail en offrant un résumé de ma métaphysique. Ce petit écrit leur servirait à préparer leurs cours.

L'enseignement était pour moi un point clé. Le souvenir de mes années d'études était encore présent. J'avais perdu trop de temps dans la lecture des Anciens et mon cerveau était sorti tout encombré de mes années de collège. Je souhaitais éviter pareille mésaventure aux générations nouvelles.

Les réactions déclenchées par la lecture de mon manuscrit dépassèrent vite mes espérances. Dès que mon texte commença à être lu, je reçus en effet de très nombreux courriers. Mes interlocuteurs posaient quantité de questions et leurs lettres étaient suffisamment argumentées pour retenir mon attention. Les objections portaient sur des points très divers et au bout de quelques semaines je formai le projet de les joindre, ainsi que mes réponses, à l'édition même de mes *Méditations*. Des hommes aussi différents que Hobbes, Gassendi et plus tard Antoine Arnauld m'interrogeaient directement et il me semblait utile que les futurs lecteurs de ma métaphysique disposent des précisions que j'avais apportées.

Mersenne partageait mon avis. Il considérait que réponses et objections formaient un ensemble cohérent et éclairaient d'un jour nouveau certains passages des *Méditations*. Ces échanges d'arguments répondaient à nombre de questions. Ils étaient un complément à mes premières pensées. Et puis ces textes avaient un autre avantage. Ils désamorçaient par avance les polémiques en évitant des interprétations erronées.

La publication des *Méditations* s'annonçait sous de bons auspices et j'étais impatient de livrer cet ouvrage au public. Puis, comme je l'ai déjà dit, le malheur s'abattit sur moi. Francine mourut le 7 septembre 1640 et pendant plusieurs jours je crus devenir fou de douleur. Sa mère était elle-même désespérée. Elle ne survécut d'ailleurs que quelques semaines à la disparition de sa fille.

Pour ma part, je fus sauvé par le travail. Je décidai de remettre à Mersenne le plus vite possible le manuscrit définitif des *Méditations* et passai de longues heures assis à mon bureau à reprendre mon texte initial. Je m'étais donné comme objectif de terminer pour le 11 novembre de la même année. J'avais choisi une date symbolique puisque c'était la date anniversaire des trois rêves qui m'avaient agité dans la nuit du 10 au 11 novembre 1619. Cette nuit-là, à

Neubourg, dans l'oisiveté hivernale de ma vie militaire, j'avais décidé de consacrer mon existence à la philosophie. Vingt et un ans plus tard, je mettais un point final à mes *Méditations.* J'accomplissais ainsi mon destin. Ce temps avait été nécessaire pour proposer au monde une méthode qui permettait aux hommes de bien vivre et de fonder leur science. Une main invisible avait gouverné mon sort.

J'appris aussi dans le courant du mois d'octobre la disparition de mon père. Celle-ci m'affecta beaucoup, plus que je ne l'aurais cru. Certes, j'étais déjà dans un état de grande tristesse, mais sa mort déclencha de vieux cauchemars et je rêvai plusieurs fois de ma mère dont le souvenir hanta à nouveau mes nuits.

Mes relations avec mon père étaient restées distantes et nous n'avions échangé que peu de nouvelles au cours de ces dernières années. Il avait suivi sans beaucoup d'intérêt les débats suscités par la publication du *Discours* et avait tout juste accusé réception de l'exemplaire que je lui avais adressé. Il avait lu mon livre, mais ne l'avait pas aimé. C'est ma sœur qui me l'avait appris. Je n'en fus pas surpris. Mon père représentait assez bien ce milieu provincial qui restait hermétique aux idées nouvelles. Mes écrits ne l'intéressaient pas et il avait sans doute entendu de nombreuses critiques dans les maisons de Bretagne où se réunissaient magistrats et parlementaires.

J'imaginais que mon père se taisait quand quelqu'un prononçait mon nom et qu'il hochait la tête quand il était dit que Dieu n'avait pas besoin des philosophes pour exister. Il nous avait élevés dans le respect des traditions et se méfiait des auteurs modernes et de leurs critiques. Les remous politiques qui agitaient le pays étaient à ses yeux la conséquence de trop de liberté. Il se tenait à l'écart des débats et privilégiait d'abord sa carrière. Il ne m'avait jamais pardonné d'avoir renoncé à toute charge et de m'être installé dans ce pays lointain des Provinces-Unies. Il le répéta encore le jour de sa mort. C'est mon frère qui me l'a rapporté et je le crois volontiers.

Mon engagement dans l'armée n'avait pas été compris. Il avait été interprété comme une fuite ou comme une trahison. Mon père ne pouvait l'accepter. C'était au-dessus de ses forces. Il jugeait ma vie inutile, même si ma notoriété grandissante dut parfois flatter son orgueil. Pourquoi alors sa disparition me causait-elle tant de peine ? Je ne sais, mais il était mon père et par lui je m'enracinais dans l'histoire d'une famille et dans celle d'une région.

J'avais beau ne pas aimer mon père, il n'en était pas moins un homme unique pour moi. Dans la famille, il était craint, mais aussi admiré. Je ne peux pas contester cette vérité. Et puis, tant qu'il vivait, j'étais à l'abri de mourir. En tout cas, je le croyais. Sa présence lointaine me protégeait et c'est pourquoi sa disparition renforça mon sentiment de fragilité.

J'essaye de mettre des mots sur ce qui était à l'époque une suite d'impressions confuses. J'étais malheureux et ma tristesse me tenait éveillé tard dans la nuit. Je travaillais à la lumière des lampes et du feu dans le silence de la maison. J'étais pressé de corriger mon texte des *Méditations.* Il me fallut encore quelques semaines. Enfin, je remis mon nouveau manuscrit et commençai à rassembler mes affaires. Je voulais quitter Santpoort où trop de souvenirs envahissaient les lieux.

Il m'était difficile de me promener sans penser à Francine. Chaque coin de dunes me rappelait nos promenades et quand j'étais dans le jardin, je la voyais jouer avec ses poupées de chiffon ou tenter d'attraper des papillons dont les ailes colorées brillaient sous le soleil. Il me fallait trouver un autre lieu d'accueil.

Pour autant, je n'en avais pas terminé avec les *Méditations*. De nouvelles objections apparurent et Mersenne me demanda de répondre à mes contradicteurs. Je pense qu'il s'était engagé en mon nom car il n'hésitait pas à me relancer quand je tardais à me manifester. J'obéis donc à ses requêtes et, les premiers mois de 1641, je m'appliquai à tenir ma correspondance. Puis je décidai de tout arrêter, pour pouvoir un jour publier mon ouvrage. Mes échanges avec les savants risquaient d'être sans fin. Nous étions souvent en désaccord et j'avais peu de chances de les convaincre.

L'achevé d'imprimer des *Méditations* est en date du 28 août 1641. J'avais choisi d'être édité en France. Mersenne avait surveillé le travail du libraire et m'avait averti dès qu'il avait été en possession des premiers exemplaires. Je regrettais de ne pas m'être rendu à Paris pour l'occasion car l'attente aux Provinces-Unies me parut longue. C'était toujours cette peur d'être exposé qui m'avait fait renoncer au voyage. Je décidai cependant que la prochaine édition serait imprimée en Hollande afin d'éviter les désagréments d'un trop grand éloignement.

Le titre définitif était devenu *Meditationes de prima philosophia, in qua Dei existentia et animae immortalitas demonstratur*, ce qui donne en français : *Méditations métaphysiques où l'on démontre l'existence de Dieu et l'immortalité de l'âme.* Et comme prévu, mon texte original était suivi d'un certain nombre d'objections et de mes réponses.

La parution de l'ouvrage fut accueillie avec intérêt dans plusieurs milieux et mes amis s'en réjouirent. Les critiques étaient modérées et portaient plus sur des points de détail que sur l'essentiel de ma métaphysique. Certaines d'entre elles provenaient de Mersenne qui avait utilisé un stratagème pour me tromper. Il m'avait transmis une longue lettre anonyme dans laquelle l'auteur pointait du doigt ce qu'il estimait être des faiblesses de raisonnement ou des affirmations méritant d'être précisées.

Mersenne prétendait que la lettre lui avait été transmise par un jésuite qui appartenait depuis peu à son cercle proche. Elle était bien écrite et je pris la peine de répondre aux difficultés soulevées. Je n'ai pas pensé, à l'époque, qu'elle puisse venir de Mersenne, mais, à y bien réfléchir, cela me paraît aujourd'hui évident. Mersenne avait manifesté des réserves à l'égard de ma méthode et il s'était inquiété de certaines de mes conclusions. Par amitié et par prudence, il n'avait pas voulu me faire reproche publiquement. Je ne peux lui en vouloir. Il cherchait à me protéger en avançant à couvert.

Dans une lettre ultérieure, Mersenne m'indiqua qu'il avait transmis ma réponse. Je ne me suis pas posé de questions et longtemps nous n'avons eu l'occasion d'en reparler. Un jour pourtant, je lui demandai des nouvelles de son ami, mais je reçus une réponse évasive. Je n'insistai pas. Nous continuâmes à correspondre comme si ce jésuite anonyme n'avait pas existé.

Dans le même temps, la disparition de mon père m'avait donné une meilleure aisance financière et je m'étais installé en mars 1641 dans le petit château d'Endegeest situé non loin de Leyde. C'était une région attachante, traversée, comme souvent en Hollande, de nombreux cours d'eau. La forêt était belle et même si l'endroit était humide, j'aimais les soirées brumeuses où peu à peu le paysage s'estompait dans la nuit.

J'avais repris une domesticité plus importante, ce qui me permettait de recevoir sans contrainte particulière. Le château était de plus constitué de deux ailes dont l'une avait été aménagée pour les amis de passage. Je profitais ainsi de leur présence sans être dérangé quand il me prenait envie de méditer.

Le château était entouré d'un joli parc et donnait ensuite sur la campagne environnante. Je pouvais gagner les principales villes des Provinces-Unies grâce à un système de canaux dont certains passaient non loin d'Endegeest. Utrecht, La Haye ou Amsterdam n'étaient qu'à quelques heures de navigation. Je gardais donc la possibilité de me déplacer aisément tout en préservant ma tranquillité. Ce nouveau refuge était idéal et j'aurais pu y vivre en toute sérénité si le bruit et la fureur du monde extérieur n'avaient fini par me rattraper.

En préparant les esprits à la publication de mes *Méditations*, j'avais voulu échapper aux polémiques que le *Discours* avait déclenchées. L'appui de la Sorbonne, la sollicitation des savants et des théologiens, la suppression de passages jugés imprudents par Mersenne, tout ceci était censé garantir à mes idées un accueil favorable. Il en fut malheureusement autrement. Passé les premiers temps, les controverses éclatèrent avec violence.

À Paris, les attaques furent menées par les jésuites. Bourdin était à la manœuvre et il imaginait déjà tenir sa revanche. Sa hargne était toujours intacte. J'hésitais à entrer en guerre avec la Compagnie, mais la façon dont ma métaphysique était caricaturée m'amena à réagir. Il était dangereux de laisser prospérer la calomnie. Depuis ma retraite d'Endegeest, j'adressai plusieurs lettres à Mersenne dans lesquelles je répondais point par point aux critiques dont j'étais l'objet. Je priai Mersenne de faire suivre ces courriers à plusieurs personnalités influentes. Il s'agissait d'allumer des contre-feux et de stopper les manœuvres dirigées contre moi.

Le père Bourdin, cependant, ne comptait pas s'arrêter là. Il continuait à s'agiter dans toutes les directions. C'était un bloc de haine qui n'avait toujours pas digéré la façon dont j'avais répondu à ses écrits au moment du *Discours de la méthode.* Il menait envers moi une sorte de croisade ridicule qui trouvait écho auprès d'un certain nombre de théologiens.

Par chance, la tension finit par retomber au bout de quelques semaines. Ce répit était dû à différentes interventions dont certaines provenaient de l'ordre des Minimes. Une sorte d'amnistie fut passée avec les jésuites. Je ne me faisais guère d'illusion sur la longueur de la trêve, mais j'accueillis cette paix fragile avec soulagement, d'autant que j'avais à me battre sur d'autres fronts. La contestation de mes idées prenait un tour inquiétant dans plusieurs universités des Provinces-Unies.

Le plus violent des conflits fut celui qui m'opposa durant de longs mois à Voetius et à ses disciples. On se souvient que celui-ci avait déjà été à l'offensive contre le *Discours de la méthode.* Il n'était alors qu'un jeune professeur de théologie réformée à l'université d'Utrecht et s'était opposé à Reneri qui ne faisait pas mystère de son adhésion à ma philosophie. Reneri était malheureusement décédé en 1639, mais il avait à Utrecht de nombreux disciples qui accueillirent mes *Méditations* avec beaucoup d'enthousiasme.

Voetius décida aussitôt d'en découdre. Il favorisa la publication de pamphlets et porta contre moi de nouvelles accusations d'athéisme. En l'apprenant, je commençai par en rire, mais je m'alertai très vite car je découvris que ces critiques trouvaient un écho favorable aux oreilles des magistrats. La municipalité d'Utrecht se mêla de l'affaire et, malgré mes démentis, elle se déclara préoccupée des troubles produits par la diffusion de mes idées. Dans le même temps, ma philosophie était interdite d'enseignement et j'appris que d'autres universités s'apprêtaient à prendre des dispositions semblables.

Les autorités dénonçaient ma méthode. J'étais devenu la cible de toutes leurs attaques. Elles me reprochaient de faire le jeu des jésuites et de saper les fondements de l'Église protestante. Par un curieux retournement, j'étais soupçonné d'être l'agent de ceux qui en France dénonçaient mes écrits comme contraires à la vraie foi.

Tout cela était invraisemblable, mais les libelles qui fleurissaient me firent craindre une action contre moi. On me conseilla de m'éloigner et de partir vers d'autres horizons. Je quittai donc avec regret le petit château d'Endegeest et, pour la première fois depuis longtemps, je me posai la question de mon retour en France.

Je m'en ouvris à quelques amis qui me déconseillèrent d'aller au bout de ce projet. Le roi Louis XIII était mourant et le dauphin encore trop jeune pour régner. Anne d'Autriche se préparait à assurer la régence, aidée en cela par Mazarin. Mais le cardinal était détesté et des jacqueries menaçaient à l'annonce de nouveaux impôts. La noblesse et le parlement commençaient à faire entendre leurs voix. Ce n'était pas encore les déchirements de la Fronde, qui surviendraient quelques années plus tard, mais un climat de revendications agitait déjà le pays.

L'Espagne, de son côté, s'apprêtait à envahir les régions du Nord grâce aux troupes stationnées dans les quelques provinces des Pays-Bas restées fidèles à la couronne espagnole. Le roi Philippe IV cherchait à profiter de la situation politique. Il espérait prendre sa revanche sur la France dont les troupes occupaient la Catalogne.

Heureusement, les hasards de la guerre en décidèrent autrement. Les Espagnols furent battus à Rocroi par le jeune duc d'Enghien, futur Louis II de Condé. Au terme de plusieurs attaques indécises, la cavalerie française bouscula l'infanterie du comte de Fuentes et massacra les soldats. Cette défaite porta un coup fatal aux ambitions espagnoles. Ce fut aussi un tournant dans la guerre de Trente Ans. Elle allait favoriser l'instauration de la paix et la signature en 1648 des traités de Westphalie. Mais naturellement, je ne pouvais rien deviner de tout ceci et les informations qui me parvenaient ne donnaient pas envie de revenir dans mon pays.

Je choisis donc de rester dans ma patrie d'adoption en dépit des attaques que je subissais. Et après Endegeest, je partis m'établir plus au nord, non loin de la petite ville d'Egmond-aan-den-Hoef. Je louai une jolie maison située dans la campagne, espérant ainsi échapper aux polémiques des universités.

J'avais besoin de me retrouver seul car il me fallait finir mes *Principes de la philosophie* dont j'avais entrepris la rédaction peu après la publication des *Méditations.* Mon but était d'exposer de manière synthétique les grands acquis de ma métaphysique et de ma physique. Je voulais montrer en effet comment ces deux parties étaient intimement liées.

Mon traité était divisé en quatre grands chapitres intitulés :

– Des principes de la connaissance humaine ;
– Des principes des choses matérielles ;
– Du Monde visible ;
– De la terre.

Mon intention, on le voit, était de rassembler en un seul ouvrage les résultats de ma méthode et de convaincre mes lecteurs des vérités obtenues grâce à elle.

Je quittai donc Endegeest avec regret car j'avais aimé

cette jolie région. Je m'y étais réfugié après la disparition de Francine et la douceur des paysages avait contribué à soulager ma peine. Toutefois, je devais partir car j'étais une nouvelle fois en butte à l'ingratitude humaine. Toutes ces batailles m'épuisaient et je n'aspirais plus qu'à trouver une retraite paisible où je pourrais me consacrer à mes pensées.

J'ai souvent été malheureux et inquiet durant les mois qui suivirent la publication des *Méditations*. Parfois, une profonde mélancolie me saisissait et m'empêchait de réfléchir. Je restais allongé dans mon lit des matinées entières. Ces moments de repos qui étaient autrefois si productifs n'étaient plus que des heures stériles durant lesquelles mon esprit tournait sur lui-même.

Mon corps était fatigué et je somnolais de façon inutile sous d'épaisses couvertures qui m'empêchaient d'avoir froid. Au début, j'essayai de lutter contre cette lassitude, mais, très vite, j'appris à renoncer. Ces combats étaient vains. Il me fallait plutôt m'abandonner à cette faiblesse car c'était la seule manière d'en sortir. De fait, il arrivait un moment où je sentais monter en moi une nouvelle énergie, comme si mon sang trop longtemps contenu se mettait à couler par toutes les veines de mon corps.

Je retrouvais goût à mes pensées. Je m'asseyais alors à ma table de travail et me remettais à écrire mes *Principes de la philosophie*. Je lisais avec retard les courriers reçus et reprenais ma plume contre mes détracteurs. C'est à cette période que j'écrivis mes réponses les plus méchantes.

Mon départ d'Endegeest m'avait été imposé par les circonstances du moment. Il traduisait mon échec dans la diffusion de mes idées. La municipalité d'Utrecht m'avait rejeté et les professeurs d'université étaient de plus en plus nombreux à dénoncer ma méthode comme fausse et dangereuse. J'avais fui comme un voleur.

Dans ces jours sombres, j'ai craint pour ma vie. Des complots se sont noués et des fanatiques protestants ont bel et bien imaginé m'enlever. Je ne sais pas ce qu'ils auraient fait de moi, mais le pire était possible. Il était sage de quitter les lieux. Je n'ai guère de vocation pour le martyre. Les excès religieux témoignent de passions non maîtrisées. Les fanatiques sont sourds à tout argument. Ils détestent notre monde et sont prêts à le détruire au nom de l'Absolu. Je n'aime pas cette folie qui s'empare des hommes et qui justifie les anathèmes et les bûchers. Mon Dieu parle à la raison et c'est bien suffisant ainsi.

À Endegeest et plus tard à Egmond, je me suis heureusement appuyé sur quelques amis fidèles. Ce sont eux qui m'ont permis de surmonter ces épreuves. Je n'ai pas toujours mesuré ce qu'ils m'avaient apporté, mais sans eux ma vie aurait été tout autre. Je crois que j'aurais fini par abandonner et mes ennemis auraient triomphé faute d'être contredits.

Et puis le destin veillait sur moi. C'est en effet à cette période que je fis connaissance de la princesse Élisabeth de Bohême dont la présence éclaira d'un jour nouveau ma triste existence. Notre relation pleine de confiance relativisa mes difficultés. Je l'ai beaucoup aimée et je suis heureux de rendre justice à notre amitié.

La princesse m'a écrit un jour que sans moi elle aurait sombré dans le plus grand désespoir. Il en était de même de mon côté. Nos rencontres, les nombreuses lettres que nous échangions, les questions qu'elle me posait sur ma philosophie ou sur la nature de l'homme, me permirent d'oublier mes déceptions et mes chagrins. Il en est d'ailleurs toujours ainsi. J'attends ses courriers avec impatience, même si depuis qu'elle a quitté les Provinces-Unies notre correspondance s'est faite moins régulière.

Elle sait que j'ai gagné la Suède par un de ses oncles qui visitait la reine Christine. Il s'est empressé de lui rapporter le fait. Ma décision l'a surprise, mais elle s'est gardée de toute allusion critique. J'ai reçu un mot d'elle peu après mon arrivée à Stockholm, dans lequel elle me souhaitait une bonne installation. Elle me disait qu'elle allait bien, ce que j'ai du mal à croire. Sa vie errante ne peut la satisfaire. Elle a de la famille dans toutes les cours européennes, mais elle ne trouvera jamais le repos. Son âme est trop agitée. Elle se tourne de plus en plus vers la religion et cherche dans la prière une forme de repos. Je lui souhaite d'être en paix. Elle le mériterait car la vie ne l'a pas ménagée.

Élisabeth était la fille de Frédéric V, électeur palatin, et d'Élisabeth Stuart, petite fille de Marie Stuart et fille de Jacques Ier d'Angleterre. J'ai déjà évoqué dans ce récit la figure de son père qui prit la tête des protestants contre l'empereur Ferdinand II. Nous étions au début des années 1620 et je venais moi-même de quitter l'armée quand toute cette histoire éclata. Les conflits de l'époque conduisirent à la défaite de Frédéric V et à son installation à La Haye avec son épouse et plusieurs de ses enfants.

La cour était brillante, mais Frédéric V ne supportait pas cet exil. Il vivait dans l'illusion de retrouver un jour la couronne de Bohême et passait ses jours à échafauder des projets de reconquête. Des hommes sans scrupule profitaient de lui. Sous prétexte de lever des armées, ils lui soutiraient de fortes sommes d'argent et disparaissaient ensuite sans laisser de traces.

Une anecdote résume bien l'état d'esprit dans lequel il se trouvait : un astrologue lui prédit qu'il serait à nouveau roi et Frédéric V fit verser à ce faux mage une pension mensuelle qu'il dépensait dans les environs de La Haye où se trouvaient des lieux de plaisir. Il se moquait ouvertement du roi et de sa grande crédulité. Les officiers de la couronne apportèrent la preuve de sa forfaiture, mais Frédéric V refusa de les croire. Il continua longtemps à recevoir cet homme dont il aimait les histoires étonnantes.

Toutes ces dépenses rendaient la vie difficile. La reine vendait des bijoux et sollicitait le soutien de sa famille. Elle n'aimait pas l'exaltation de son mari quand celui-ci évoquait son retour en Bohême. Elle n'aimait pas non plus ses moments d'abattement quand il se rendait compte que les années passaient et qu'il courait après des chimères.

Les médecins de la cour s'inquiétaient de son état mental. Ils avaient essayé plusieurs traitements qui s'étaient révélés sans effet. Ils étaient cependant prêts à tout. L'un d'entre eux sollicita un ancien moine espagnol devenu alchimiste à la suite d'un séjour dans les pays d'Orient. Des potions lui furent commandées. Elles étaient mélangées à sa nourriture pour en masquer le goût. Frédéric V parut retrouver sa raison et pendant plusieurs mois cessa de penser à ses rêves de jeunesse. Son entourage espérait que cet équilibre fragile se prolongerait. Ce ne fut pas le cas. Un nouveau drame était à venir qui allait précipiter la débâcle.

Un jour, Frédéric V emmena son fils aîné faire du bateau et l'embarcation chavira. C'était les mois d'hiver et les eaux glaciales emportèrent le jeune Henri sous les yeux de son père. Celui-ci demeura inconsolable. Il se sentait responsable de la tragédie. C'est lui qui avait insisté pour prendre la mer en dépit des conseils de prudence formulés par son entourage.

Dans le même temps, les nouvelles de Bohême et du Palatinat étaient mauvaises. Frédéric V comprenait qu'il lui fallait renoncer à tout espoir. Il sombra dans la mélancolie et mourut de fièvre le 29 novembre 1632.

Élisabeth avait quatorze ans et elle adorait son père. L'ombre de Frédéric V l'enveloppa pour la vie. Elle était jeune et jolie et tenait son rang avec dignité. Il suffisait cependant de la regarder pour deviner que quelque chose s'était brisé en elle. Je crois qu'elle n'a jamais connu la joie. Son âme était triste et ses gestes lents trahissaient une constante fatigue. Il n'y avait que la science et la philosophie qui trouvaient grâce à ses yeux. Elle s'était réfugiée dans son monde de pensées où peu de personnes étaient admises. Ses frères et sœurs s'amusaient de cette attitude. Ils la brocardaient gentiment et tentaient de l'entraîner dans leurs jeux. Mais Élisabeth résistait et préférait s'enfermer dans la bibliothèque plutôt que de courir avec les gens de son âge.

Élisabeth avait lu et aimé les *Méditations*. Sa mère aussi. J'en étais flatté et, au milieu des attaques dont j'étais l'objet, cette nouvelle m'avait réconforté.

C'est Alphonse de Pollot qui m'avait fait part de l'intérêt suscité par mes écrits. C'était un gentilhomme protestant dont la famille, originaire du Piémont, avait fui les persécutions religieuses encouragées par le duc de Savoie. Il avait choisi l'armée pour faire carrière et avait fini par faire partie de l'entourage du prince d'Orange. Il fréquentait aussi la cour de la princesse de Bohême et proposa de m'introduire auprès d'elle. J'acceptai sans hésitation car j'avais besoin de soutien après mon départ d'Endegeest.

Nous arrivâmes à La Haye un jour de 1642 et fûmes dirigés vers un grand salon où la mère d'Élisabeth recevait ses invités. Une vingtaine de personnes se trouvaient là. Leurs visages m'étaient inconnus à l'exception de celui d'un médecin que j'avais croisé à Amsterdam. Il me fit un petit signe de tête auquel je répondis avant de continuer mon chemin.

Notre hôtesse était assise sur une estrade qui occupait le fond de la salle. Elle était entourée de trois dames d'un certain âge qui s'efforçaient de parler bas. Je m'approchai et saluai le petit groupe. Puis je me tournai vers Élisabeth qui se trouvait légèrement à l'écart. Ses cheveux noirs encadraient son visage pâle et je vis que ses joues étaient creusées de fatigue. Je m'approchai d'elle et lui dis que j'étais honoré de la voir. Elle me sourit tristement et m'invita à m'asseoir à côté d'elle.

Un groupe de musiciens jouait une pièce d'un jeune compositeur. J'interrogeai Élisabeth sur ses lectures et elle me répondit qu'elle lisait une tragédie de Corneille. J'aimais le théâtre, même si je n'avais pas beaucoup de temps à y consacrer, et je pris plaisir à l'écouter me raconter les aventures de Polyeucte. Son regard était sombre et profond. Ses yeux me charmaient et je voyais dans ses pupilles se refléter la lumière des lampes.

Élisabeth avait une bonne mémoire et elle s'était déjà amusée à apprendre par cœur les premières scènes de l'acte I. Puis elle me parla du *Cid* dont elle venait de recevoir le texte. Je ne connaissais pas la pièce, mais je m'engageai à me la procurer. Elle me dit que c'était une très belle tragédie et que la France avait bien de la chance d'avoir un auteur aussi talentueux que Corneille.

Un domestique ralluma le feu et nous bûmes des sirops tout en bavardant. Alphonse de Pollot vint ensuite me chercher et me présenta à plusieurs invités dont certains connaissaient mes livres. Ils m'en parlèrent avec intelligence et nous dissertâmes sur les rapports entre la philosophie et la science.

Nous étions dans un coin du salon quand un professeur de théologie nous rejoignit et se mêla de notre conversation. Je craignis qu'il ne conteste mes ouvrages et qu'il ne reprenne à son compte les nombreuses critiques qui couraient à mon encontre. Au lieu de cela, il s'adressa à moi avec prévenance et déclara qu'il attendait beaucoup de ma méthode pour l'établissement des vérités. Il m'interrogea sur les preuves de l'existence de Dieu développées dans mes *Méditations* et je promis de lui adresser quelques pages du manuscrit des *Principes de la philosophie.*

Alphonse de Pollot était satisfait. Il me voyait détendu et content. J'étais heureux. Cela faisait longtemps que je n'avais profité d'un environnement aussi bienveillant.

Il commençait à être tard quand je me rapprochai à nouveau de la princesse Élisabeth. Je la trouvais pleine de charme en dépit de sa pâleur maladive et j'étais tout étonné de ses connaissances en matière de sciences.

Je la regardais avec attachement et je pensais aux hasards de la vie qui m'avaient conduit jusque-là. Son père avait perdu sa couronne à la suite de la bataille de la Montagne Blanche et je songeais que j'aurais pu me trouver dans le camp adverse si je n'avais quitté l'armée du duc de Bavière à la suite de mes rêves dans le petit « poêle » du duché de Neubourg. Je ne sais pas ce qu'aurait été la réaction d'Élisabeth si elle avait connu cet épisode de ma vie, mais je me suis toujours gardé de faire la moindre allusion à mon passé de militaire. Quand elle me parlait du combat mené par Frédéric V aux côtés des partisans de Bohême, je la laissais me raconter ce moment d'Histoire comme si j'en avais tout ignoré.

Ce soir-là, nous n'eûmes pas le temps de parler philosophie et ce n'est qu'au moment de nous dire adieu qu'Élisabeth fit allusion à mes *Méditations.* La distinction radicale établie entre l'âme et le corps lui posait problème. Je l'encourageai donc à m'écrire et promis de prendre le temps nécessaire pour répondre à ses questions. Elle me dit que sa lettre me parviendrait plus tard car elle avait encore besoin de réfléchir avant de me faire part de ses interrogations. Son sourire était charmant et son regard me parut tout à coup moins mélancolique. Je la saluai et suivis Alphonse de Pollot qui devait me raccompagner.

Je reçus sa première lettre au mois de mai 1643 et comme prévu j'y trouvai un certain nombre d'observations sur l'union de l'âme et du corps. Élisabeth ne comprenait pas comment deux substances de natures radicalement différentes pouvaient agir l'une sur l'autre. Je m'assis donc à ma table de travail et tâchai d'approfondir le sujet tout en reconnaissant sa difficulté. Élisabeth était une lectrice attentive et les problèmes qu'elle soulevait obligeaient à raisonner.

Ce premier échange marqua le début d'une longue correspondance. Nous étions amenés à nous voir de manière irrégulière, mais, par l'écriture, nous pouvions poursuivre notre commerce et continuer à nous entretenir de science et de philosophie. L'éloignement ne nous déplaisait pas. La distance facilitait les confessions et notre dialogue prit souvent un tour privé qui nous amenait à nous dévoiler.

Élisabeth me faisait part de ses tourments et me demandait parfois comment guérir de sa langueur. Certains matins, il lui était impossible de se lever et elle se disait terrifiée par l'inutilité de sa vie. Elle me parlait aussi de ses douleurs qui l'accompagnaient au quotidien. Depuis sa plus tendre enfance, elle était sujette à des maux d'estomac, à des sensations d'étouffement et à des accès de fièvre qui lui faisaient tourner la tête. Elle pensait qu'une bile noire se répandait dans son ventre et attaquait ses organes vitaux.

Pour se rassurer, elle me posait des questions d'anatomie et s'inquiétait de mes travaux de dissection.

Malheureusement, je ne pouvais pas faire grand-chose pour elle car j'étais moi-même en proie à de fortes humeurs. La médecine ne lui était d'aucun recours, mais comme elle aimait les livres, je lui conseillai de lire et relire les maîtres stoïciens. C'était un moyen de forger sa volonté. Elle m'écouta et, dans ses lettres, elle recopiait des extraits du *Manuel* d'Épictète qu'elle commentait longuement.

Je l'incitais aussi à oublier les malheurs de sa famille si elle voulait reprendre goût à la vie. Je me rendais compte que c'était difficile, mais je peux témoigner qu'elle se battait avec courage. L'exil à La Haye, les rêves de son père, la mort de son frère, tout ceci pesait sur ses épaules comme un fardeau trop lourd.

C'est dans ma VIe Méditation que j'ai affirmé l'union de l'âme et du corps. Cette évidence, pour qui se contentait de faire l'expérience de la vie, était aux yeux d'Élisabeth une des principales difficultés de mon ouvrage. Au début de notre relation, elle revenait sans cesse sur ce sujet comme si le reste de ma philosophie en dépendait. Les explications que je fournissais semblaient ne jamais la satisfaire et mes réponses suscitaient de nouvelles questions qui relançaient nos débats.

J'avais dit par exemple que l'âme était unie à chacune des parties du corps et elle me demanda ce qu'il en était en cas d'accident. Un homme ayant perdu une jambe ou un bras devait-il considérer que son âme était elle-même amputée ? Cette question m'avait déjà été posée par des théologiens qui s'inquiétaient des conséquences d'une âme divisible.

Je répondis par la négative et insistai sur le fait que l'âme restait « une » en dépit de ce qui arrivait au corps. Pour convaincre Élisabeth, je lui rappelai que le corps de chacun d'entre nous était sujet à de nombreux changements et que, depuis la plus tendre enfance, il avait été amené à se modifier profondément. Nous avions grandi. Nos traits s'étaient épaissis et des rides creusaient notre visage. La vieillesse nous faisait nous courber et nous pouvions perdre nos dents et nos cheveux. Nos mains tremblaient. Notre pas devenait hésitant. L'âme cependant donnait son unité à l'ensemble. Elle était coextensive à tout notre être mais se tenait hors d'atteinte des transformations du temps. Il en allait de même en cas d'amputation. Seul le corps était concerné.

Élisabeth acquiesça. Mais un jour où nous nous trouvions dans sa bibliothèque, elle me fit remarquer que si l'âme ne pouvait être affectée par une mutilation, il en allait autrement de l'union de l'âme et du corps. Je convins que ce n'était pas tout à fait la même chose et que certaines lésions étaient en mesure de rompre cette unité qui nous distinguait des bêtes. C'était le cas des hommes qui avaient pris un coup violent sur la tête et dont le cerveau avait été profondément endommagé. Ils donnaient l'impression que leur esprit était d'un côté et leur corps de l'autre. Leur raison s'était évanouie et ils ressemblaient à de pauvres pantins dont le langage s'était perdu et qui ne communiquaient plus que par des cris.

Les questions d'Élisabeth ne m'ont jamais ennuyé. Je savais qu'elle les posait avec bienveillance et que son souci était de comprendre ma philosophie. En même temps, elle m'obligeait à approfondir certains points et à argumenter sur des sujets dont l'importance m'avait tout d'abord échappé.

C'est grâce à elle que je me suis intéressé aux passions de l'âme et que j'ai montré comment faire bon usage de notre raison. Les passions, en effet, illustrent à merveille cette union de l'âme et du corps qui créait tant de souci à Élisabeth. Dans la passion, le corps agit directement sur l'âme, mais, en retour, l'âme peut contrôler la passion par l'exercice de la volonté. L'homme est ainsi libre de suivre ses passions ou de les dominer. C'est dans ce but que j'ai essayé de les comprendre et que j'ai travaillé en véritable physicien dans mon traité des *Passions*. Mon objectif était de décrire avec précision ces sentiments qui nous agitent l'esprit.

Ma philosophie parle de la vie et même si, aujourd'hui, je me rends compte des limites de ma méthode, je suis persuadé qu'elle peut être une aide précieuse dans les moments difficiles de l'existence. Élisabeth était plus circonspecte. Il est vrai que ses difficultés étaient nombreuses. Elles témoignaient de la violence avec laquelle le corps et l'âme étaient capables de batailler. J'espérais qu'en lui montrant la façon de canaliser ses passions j'arriverais à lui apporter un peu de réconfort. C'était mon principal souci, mais je n'y suis pas parvenu.

En dépit de mes efforts, Élisabeth est restée la proie de ses langueurs. Elle n'a jamais réussi à se débarrasser de ses maux. Nos entretiens lui faisaient du bien, mais à peine étais-je parti qu'elle m'écrivait de longues lettres dans lesquelles perçait toute sa mélancolie. Notre tendre complicité n'était pas suffisante pour l'arracher à ses démons.

Je sais ce que l'on a pu dire de notre relation dans certains milieux de La Haye qui cherchaient à atteindre mon honneur et celui de la princesse. Pourtant, j'étais déjà vieux quand j'ai rencontré Élisabeth. J'avais presque le double de son âge et cette grande différence, en dehors de mon peu d'inclination pour les aventures amoureuses, me mettait à l'abri de trop vifs sentiments. J'aimais son esprit et la clarté de ses jugements. Le reste n'existait pas, même si parfois il m'arrivait de frôler sa main ou ses cheveux et d'en ressentir un plaisir confus. De son côté, il lui arrivait de rougir quand je la regardais trop longtemps et je détournais alors les yeux pour éviter une trop grande gêne.

Un jour, Élisabeth me dit que j'avais exactement l'âge de son père au moment de sa mort. Je hochai la tête et nous passâmes à un autre sujet. Sa voix avait tremblé et je craignais ce qu'elle pouvait ajouter. Elle était allongée sur un sofa et me regardait d'un drôle d'air. Je redoutais une nouvelle crise. Elle venait de passer une période difficile et ses nerfs étaient encore à vif.

Nous étions peu de temps après la conversion de son frère Édouard au catholicisme. C'était, me semble-t-il, dans les premiers mois de l'année 1645. Édouard devait épouser Anne de Gonzague, princesse de Mantoue, et renoncer à la religion réformée. Il abjura donc et Élisabeth vécut ce choix comme une véritable trahison. Son âme faillit ne jamais s'en remettre.

Sa mère m'avoua plus tard qu'elle s'était enfermée dans sa chambre et qu'elle avait refusé d'ouvrir sa porte pendant plusieurs jours. On l'entendait pleurer derrière les murs et parfois hurler des mots incompréhensibles. Quand elle réapparut, elle avait les cheveux défaits et les vêtements déchirés. Seule une vieille servante réussit à l'approcher. Il fallut ensuite attendre plusieurs semaines avant qu'elle n'accepte de parler et de dîner à nouveau dans la grande salle à manger du château.

J'étais à Egmond quand l'incident se produisit et j'en pris connaissance par le récit d'Alphonse de Pollot qui revenait de La Haye. Je lui dis que la réaction de la princesse ne m'étonnait pas. Son père avait tout perdu dans sa guerre contre l'empereur catholique et la conversion d'Édouard était inacceptable à ses yeux. Elle était prisonnière de trop de drames familiaux pour comprendre la décision de son frère. La raison d'État lui était indifférente.

Alphonse de Pollot partageait mon sentiment et il me raconta un épisode de l'existence d'Élisabeth que j'ignorais.

À seize ans, elle avait refusé d'épouser Ladislas IV Vasa, roi de Pologne, du fait de sa religion catholique. Son père venait de mourir et, par fidélité à sa mémoire, elle avait résisté à la pression insistante de sa mère et à celle des autres membres de sa famille. Elle s'était ensuite refusée à devenir femme et avait commencé à s'intéresser aux sciences et à la philosophie. Depuis, elle nourrissait son esprit sans trop se préoccuper de son corps. Toutefois cette négligence lui coûtait cher. Son corps se vengeait. Il cherchait à exister au travers des tourments infligés à la princesse.

C'est dans ma maison d'Egmond que je terminai d'écrire mes *Principes de la philosophie.* J'avais mis beaucoup d'application dans la rédaction de cet ouvrage et j'avoue avoir été satisfait du résultat obtenu.

Il est vrai que, pour la première fois, je traitais en même temps des questions de métaphysique et de physique. Dans le *Discours de la méthode*, j'avais exposé le fruit de mes réflexions en matière de dioptrique et de géométrie, mais le résultat de ces travaux était proposé à titre d'illustration et je n'avais pas tout dit de mes principes. La condamnation de Galilée incitait à la prudence et j'avais cru nécessaire de taire certains présupposés.

Il en allait maintenant autrement et j'étais décidé à exposer ma vision du monde. Ne croyons pas pour autant que j'avais changé. Je restais prévoyant et n'étais animé d'aucun courage inutile. Je ne cachai rien de mes vérités, mais, s'agissant du mouvement de la Terre, je choisis de m'exprimer de manière confuse afin de rendre les choses peu intelligibles.

Mes *Principes de la philosophie* montraient le lien nécessaire entre la métaphysique et la physique. C'était de ce point de vue un exposé synthétique de mes pensées. Je profitai aussi de cet ouvrage pour rectifier à nouveau certaines erreurs. Je pensais notamment à cette idée curieuse selon laquelle le vide existait. Des travaux menés par un Italien de Florence étaient à l'origine de cette croyance qui se répandait dans les cercles initiés. Cet homme s'appelait Torricelli et il prétendait appuyer ses démonstrations sur l'étude des fontaines d'eau.

Des amis m'avaient envoyé le résultat de plusieurs expériences et je devinais, au travers de leurs propos, qu'ils n'étaient pas loin de se laisser convaincre. Plus tard, j'eus l'occasion de m'entretenir de ce sujet avec plusieurs géomètres qui défendaient cette théorie. C'est là que je découvris combien cette erreur avait gagné les esprits. Il suffit pourtant de savoir raisonner pour mesurer l'inconséquence d'une telle idée.

L'étendue est homogène et ne laisse aucune place au vide. Les tenants de son existence imaginent qu'il n'y a rien là où se trouve de la « matière subtile » invisible à nos yeux. J'invite chacun à relire sur ce point ce que j'ai écrit dans mes *Principes*, à savoir qu'« il n'est pas possible que ce qui n'est rien ait de l'extension ».

Ma physique suppose que l'étendue soit continue et l'existence du vide contredirait mes principes. Cela suffit à en démontrer l'impossibilité, et les expériences contestables auxquelles certains se livrent ne me feront pas changer d'avis. Torricelli se trompe et il entraîne dans son erreur de trop nombreux savants.

Au début du mois de mai 1644, je gagnai Leyde afin de contrôler la qualité des figures qui illustraient le texte des *Principes*. Un jeune mathématicien s'était chargé de ce travail. Je l'incitai à œuvrer au plus vite car, entre-temps, je m'étais décidé à gagner Paris. J'espérais emporter avec moi quelques exemplaires de mon nouveau livre, mais l'impression prit du retard et je dus me contenter de mon texte manuscrit.

La traversée pour la France s'effectua sans encombre. J'étais à la fois curieux et inquiet à l'idée de retrouver un pays que j'avais quitté depuis seize ans. Je pris d'ailleurs mon temps pour arriver sur Paris, comme s'il me fallait retarder le moment des retrouvailles.

L'air était chaud et les champs prêts à être moissonnés en ce mois de juin. Je voyageais avec un seul serviteur et nous nous arrêtions dans des auberges-relais pour nous reposer et reposer les chevaux. Ces soirs-là, je profitais de mon incognito pour écouter les conversations et reprendre contact avec une réalité que l'éloignement m'avait rendue étrangère.

Le petit peuple était très critique à l'égard de la politique suivie par les autorités. Louis XIV était mineur et c'était Anne d'Autriche qui assurait la régence avec l'aide du cardinal Mazarin. Les gens se plaignaient de l'augmentation des charges et la peur d'une mauvaise récolte augmentait encore leur sentiment d'incertitude. Dans les estaminets, l'odeur du tabac se mêlait à celle du chou et le ton montait entre les tables au fur et à mesure que coulait un vin trop jeune et trop piquant.

La France grognait et je n'aimais pas ça. Il me semblait percevoir une colère sourde chez ces inconnus qui baissaient la voix à l'entrée des soldats chargés de s'assurer que l'ordre régnait dans le royaume. La misère était visible partout, mais peu de monde s'en préoccupait.

Un soir, pourtant, j'entendis parler d'un certain Vincent de Paul qui consacrait ses forces à venir au secours des nécessiteux. L'homme qui avait pris la parole était un commerçant en route pour les Flandres. Il était petit et maigre et sa voix était haut perchée. Il essayait de défendre une Église soupçonnée de ne s'intéresser qu'aux riches. Il affirmait que le père Vincent avait fondé la congrégation des Filles de la Charité afin d'apporter soins et vivres aux pauvres et plus particulièrement aux enfants dont beaucoup erraient dans les rues de Paris. Le père Vincent était fier d'être prêtre et il menait son combat au nom du Christ, Notre-Seigneur Jésus. « Cet homme est un saint, disait le commerçant, et il mérite d'être canonisé ! »

« Oui ! oui ! approuvait la foule. Trop de gens d'Église nous ont trahis ! La pauvreté leur fait honte et ils nous laissent sans aucune assistance ! Vive saint Vincent de Paul ! Il faudrait obliger les prêtres à vivre à nos côtés ! »

Plus tard, j'interrogeai Mersenne, qui m'apporta quelques précisions. Il m'indiqua que cet homme avait été appelé par Louis XIII mourant et que notre roi avait expiré dans ses bras. Il était aussi l'un des protégés d'Anne d'Autriche et avait lié de nombreux liens avec la puissante famille de Gondi. Le père Vincent avait été le précepteur des enfants du marquis de Belle-Isle, frère de Jean-François de Gondi, archevêque de Paris.

Je dis à Mersenne que ce prêtre semblait bénéficier d'une notoriété importante et je lui rapportai les propos entendus dans différentes auberges. Il me répondit n'être pas surpris par mon témoignage, mais ajouta qu'il se méfiait de cette personnalité un peu trouble. Je voulus en savoir plus et le pressai de questions, mais Mersenne resta sur la défensive. Puis il m'avoua que l'Église n'aimait pas beaucoup l'action de cet ecclésiastique. Les autorités religieuses le prenaient pour un dangereux illuminé qui mettait à mal l'ordre social.

« Il parle au nom du Christ, fis-je remarquer. Notre-Seigneur aussi prenait soin des malades et des pauvres.

– Il était le fils de Dieu venu racheter nos péchés. Attention à ne pas blasphémer. »

Mersenne assura ensuite que le prêtre racontait de drôles d'histoires et qu'il ne fallait pas croire tout ce qu'il disait. Il prétendait par exemple avoir été capturé dans sa jeunesse par des Barbaresques et avoir été vendu comme esclave à un riche marchand. Il aurait ensuite échappé à son maître et quitté Tunis en se cachant dans les cales d'un bateau de commerce. Mersenne trouvait le récit trop romanesque pour être vrai et je sentis que les exploits du père Vincent irritaient mon ami. Je pris la sage décision de ne plus lui en parler.

En arrivant à Paris, j'avais été reçu par l'abbé Picot, qui m'avait proposé de m'accueillir chez lui. Je logeais donc rue des Écouffes en attendant de me rendre en Bretagne où j'avais à régler des affaires tenant à la succession de mon père. Je ne souhaitais pas m'arrêter trop longtemps dans la capitale, mais mes amis Mersenne, Mydorge et Picot ne l'entendaient pas ainsi. Ils voulaient profiter de ma présence pour m'introduire à nouveau dans les salons parisiens et me faire rencontrer des personnes influentes qui partageaient mes idées.

Je ne pouvais pas refuser et constatai à cette occasion que ma philosophie était assez bien connue. Plusieurs cercles n'hésitaient pas à se réclamer de ma méthode. Cela me surprit agréablement et je répondis favorablement à de nombreuses invitations. J'étais toujours reçu avec beaucoup de prévenance et profitais de l'attention qui m'était portée.

Dans la journée, je passais de longues heures à discuter avec Picot. Il s'était mis en tête de traduire en français les *Principes de la philosophie*. Je lui avais prêté mon exemplaire manuscrit auquel manquaient les illustrations. Cela ne le gênait pas et il répétait sans cesse que c'était le plus important de mes ouvrages.

Il me demanda si j'avais pris des précautions avant de le faire imprimer et je lui confirmai avoir soumis une partie de son contenu à quelques interlocuteurs. Ceux-ci, il est vrai, étaient connus pour être favorables à mes idées. J'avais notamment sollicité le père Charlet, qui résidait maintenant à Rome, ainsi que le père Mesland, dont l'enseignement au collège de La Flèche faisait souvent référence à mes

Méditations. J'espérais que cette fois-ci les jésuites ne trouveraient rien à redire à mes *Principes*, même si je me méfiais des partis pris de la Compagnie.

Mersenne, de son côté, avait encore beaucoup de questions à me poser. J'allais souvent le voir aux Minimes de la place Royale où il résidait et nous débattions de sujets métaphysiques et plus spécialement de mes preuves de l'existence de Dieu.

L'ordre des Minimes avait été fondé en 1436 par un ermite du nom de François de Paule, canonisé au début du siècle dernier. C'était un ordre extrêmement exigeant, qui imposait à ses membres le plus grand dépouillement, à l'image de ce que les franciscains avaient revendiqué au début de leur existence. Mersenne avait très jeune revêtu l'habit de drap noir à larges manches qui caractérisait cette congrégation. Il en suivait les principes avec application et vivait dans la pauvreté et la frugalité. Cette existence sévère ne l'empêchait pas d'être animé d'une vraie curiosité intellectuelle. Il connaissait les savants de l'époque et se plaisait en leur compagnie.

Bien entendu, des hommes d'Église ne manquèrent pas de lui reprocher ses relations. Ils regrettaient également son refus de condamner le système de Copernic et les travaux de Galilée. Pour autant, sa hiérarchie ne lui a jamais interdit de tenir correspondance et de fréquenter les salons parisiens. Cela prouve qu'il était possible de bénéficier d'une certaine forme de liberté. Quant à nous, nous partagions une grande complicité, même s'il nous arrivait d'avoir des points de vue différents.

La question de l'existence du vide en était un bel exemple. Mersenne essaya plusieurs fois de me convaincre de l'intérêt des expériences de Torricelli, mais nos discussions butaient sur un profond désaccord. Un jour, il me proposa de rencontrer un jeune savant italien, mais je refusai cette entrevue. « C'est une perte de temps, lui dis-je, nous avons mieux à faire. Le seul vide qui existe est celui qui se trouve dans la tête de ce monsieur. »

Durant ces semaines passées à Paris, je fis la connaissance d'un grand nombre de personnes dont certaines devinrent des amis. Ce fut le cas notamment du duc de Luynes, qui venait de traduire en français mes *Méditations*, de Claude Clerselier, brillant juriste, et de Pierre Chanut par lequel je me suis laissé convaincre il y a quelques mois d'accepter l'invitation de Christine de Suède.

À un dîner, je rencontrai également Valentin Conrart, véritable initiateur de l'Académie française et qui en avait été élu secrétaire perpétuel. C'était un homme charmant et il eut, ce soir-là, le bon goût de me dire qu'il m'avait lu et qu'il avait apprécié mes écrits. En retour, je lui fis part de l'intérêt que je portais aux travaux de l'Académie dont la tâche principale consistait en la rédaction d'un dictionnaire. Il s'agissait de préciser les usages de notre langue en ce siècle de nouveautés où l'orthographe et la grammaire étaient en pleine évolution. Je lui rappelai d'ailleurs mon choix d'écrire le *Discours de la méthode* en français afin d'en rendre la lecture plus facile.

Valentin Conrart me présenta Antoine Godeau, évêque de son état, que les mauvaises langues surnommaient « le nain de Julie » en raison de sa petite taille et de la protection dont il bénéficiait de la part de la délicieuse Julie d'Angennes. Je fis aussi la connaissance du poète Jean Ogier de Gombauld et d'autres académiciens dont les noms m'échappent à présent.

Nous parlions de philosophie et de littérature et j'entendis avec plaisir Valentin Conrart regretter le texte que l'Académie avait publié contre Corneille au moment du *Cid*. Il lui avait été reproché de ne pas respecter l'impératif des trois unités (de temps, de lieu et d'action) et d'enfreindre les règles de la vraisemblance et de la bienséance. C'était naturellement faux, mais des auteurs jaloux avaient monté une cabale contre Corneille et avaient réussi à entraîner l'Académie de leur côté.

Je me souvenais de la réaction passionnée de la princesse Élisabeth quand elle m'avait parlé de cette affaire. Elle ne parvenait pas à comprendre la position de l'Académie pour laquelle elle avait une grande considération. Je pensais qu'elle aurait été heureuse d'entendre Valentin Conrart et je me promis de lui rapporter ses paroles de façon très fidèle. La présence d'Élisabeth me manquait et le plaisir que j'avais à fréquenter les salons parisiens ne me faisait pas oublier ce que j'avais laissé derrière moi en quittant pour quelques semaines les Provinces-Unies.

Valentin Conrart m'avait proposé de rencontrer le chancelier Séguier et j'en avais accepté le principe. Le chancelier était le protecteur de l'Académie depuis la mort de Richelieu et il en était devenu membre dès 1635. J'évoquai la question avec Pierre Chanut, qui m'offrit également de favoriser cet entretien. Chanut était à l'époque conseiller au Grand Conseil et sa recommandation pouvait accélérer les choses.

Ma démarche n'était pas innocente. J'avais dans l'esprit d'obtenir une pension, sachant que le chancelier aimait à en distribuer afin de favoriser le développement des arts et des lettres. Il avait pris sous sa protection le peintre Charles Le Brun et plusieurs écrivains dont certains étaient en train de faire une brillante carrière. Mes ressources s'amenuisaient et je savais qu'en l'absence d'aide il me serait difficile de maintenir mon rang.

Malheureusement, l'emploi du temps du chancelier ne permit pas d'obtenir le rendez-vous escompté. Celui-ci fut remis à plus tard et je décidai de quitter Paris pour me rendre en Bretagne. Nous étions à la mi-juillet et j'avais trop longtemps repoussé le moment où il me faudrait rencontrer mes frères pour essayer de régler nos problèmes de succession.

Mon départ était d'autant plus nécessaire que le duc de Luynes, proche des jansénistes de Port-Royal, multipliait les manœuvres. Il cherchait à me faire connaître Antoine Arnauld, dit le Grand Arnauld, qui vivait caché dans Paris. Son ouvrage *De la fréquente communion* avait été interdit par les autorités et il était lui-même menacé d'emprisonnement.

Depuis la mort de l'abbé de Saint-Cyran, Arnauld était devenu la principale figure du mouvement janséniste dont l'influence croissante inquiétait tout à la fois le gouvernement et l'Église. Chacun savait que les débats théologiques autour de la grâce qui opposaient jésuites et jansénistes cachaient en réalité une lutte sans pitié pour le pouvoir. Or, ce n'était pas au moment où je voulais me concilier les bonnes grâces de la Compagnie de Jésus que j'allais prendre le risque d'être soupçonné de porter intérêt aux thèses défendues dans l'enceinte de Port-Royal.

Par chance, Arnauld avait rédigé un certain nombre de critiques contre moi au moment des *Méditations métaphysiques* et j'avais été amené à lui répondre sur plusieurs points de ma philosophie. Il s'était notamment inquiété de me voir ériger le doute en méthode et m'avait cherché chicaneries sur ma démonstration de l'existence de Dieu comme cause de Soi et sur ma définition de l'âme comme substance pensante. Nos désaccords étaient donc connus et je pouvais me prévaloir de n'avoir rien cédé au représentant officiel des jansénistes.

Je déclinai aussi poliment que possible la proposition du duc de Luynes et partis pour Rennes, au grand regret de Picot et de Mersenne.

Je n'allai pourtant pas directement en Bretagne et profitai de ce déplacement pour m'arrêter à Tours, chez le frère d'un de mes amis, puis à Blois, où je passai plusieurs jours en compagnie du sieur Florimond de Beaune.

Celui-ci était conseiller au présidial de la ville, mais aussi mathématicien, et il avait pris la peine de me faire parvenir ses commentaires peu après la parution de ma *Géométrie*. Cet essai avait fait l'objet de sa part d'une lecture attentive et j'avais été frappé par la clarté et la pertinence de ses observations. Ses commentaires devaient d'ailleurs être publiés un peu plus tard par Van Shooten dans le cadre d'une édition critique de mes textes.

Accompagné de Florimond de Beaune, je découvris à nouveau la beauté des paysages de Touraine. J'avais toujours aimé cette région. Mon âme un peu agitée trouvait repos dans ces lieux. La campagne brillait sous le soleil et les monts vallonnés donnaient aux alentours une douceur toute particulière.

J'aurais été incapable de m'installer trop longuement dans ces provinces. Je retrouvais en effet cette petite société que j'avais fuie en m'opposant à mon père et en renonçant à l'ennui d'une charge de conseiller. Cependant, pour quelques jours, Tours était une halte agréable et j'acceptai de participer à quelques soirées où chacun me demanda de conter ma vie en Hollande et s'émerveilla de me savoir reçu dans les meilleurs salons parisiens.

J'arrivai à Rennes par un après-midi de fortes chaleurs et, en dépit des fatigues du voyage, je proposai à mes frères de partir dès le lendemain pour Crévis où nous attendait notre beau-frère.

Ma sœur Jeanne était décédée la même année que ma fille Francine, mais je n'en avais été informé que quelques mois plus tard. Le courrier qui m'annonçait sa mort avait été adressé à Amsterdam et il était resté en souffrance tandis que je m'étais installé à Endegeest. Il est toujours curieux d'apprendre une nouvelle avec tant de retard et ce qui, sur le coup, aurait causé une grande émotion, est reçu avec beaucoup plus de sérénité lorsque l'événement appartient depuis longtemps au passé. Et puis, à l'époque, le chagrin causé par la disparition de Francine rendait impossible toute autre peine.

Les retrouvailles avec mon frère Pierre furent difficiles. Nous ne nous aimions guère et les années passées avaient encore accentué nos différences. Nos problèmes de succession ne facilitaient pas les choses. Je soupçonnais Pierre de s'être arrangé pour récupérer l'essentiel du patrimoine familial, qui consistait notamment en terres diverses situées dans le Poitou et la région de Rennes. Mon demi-frère Joachim avait laissé faire par faiblesse de caractère. Mais pour ma part, j'étais décidé à revendiquer mon héritage et, par une lettre précédente, j'avais indiqué que j'étais prêt à plaider si aucun arrangement n'était trouvé. Les conseils pris auprès d'un notaire m'avaient conforté dans l'idée que mes droits n'étaient pas respectés et que j'avais de bonnes chances de l'emporter devant les tribunaux.

Le premier soir, nous dînâmes chez Pierre et celui-ci me présenta sa famille que je ne connaissais pas. Il avait pris une charge de conseiller au parlement de Bretagne et épousé une dénommée Marguerite Chohan, elle-même nièce d'un conseiller au même parlement. Parmi ses six enfants, son fils aîné se proposait déjà de prendre sa suite. Pierre s'en réjouissait tout comme notre père s'était réjoui de le voir suivre la carrière à laquelle il l'avait destiné. La famille Descartes assurait sa lignée. C'était tout ce que je détestais, mais je gardais le silence.

Pierre, en revanche, ne put s'empêcher de dire qu'il n'entendait rien aux sciences et qu'il ne voyait pas en quoi la philosophie pouvait être utile dans une vie d'homme bien établi. Il ajouta qu'il avait essayé de lire mes *Méditations métaphysiques*, mais qu'il avait été rebuté par tous ces raisonnements dont il ne comprenait pas les subtilités. À ses yeux, je compliquais des choses évidentes. Il n'y avait aucune raison de mettre en doute l'existence de Dieu ni celle du monde environnant. Les choses existaient bel et bien et, pour s'en convaincre, il suffisait de se cogner la tête contre un mur ou de se brûler la main au feu.

Je n'étais pas prêt à polémiquer. Je pris le temps de boire un peu de vin venu de Dijon et je rassurai Pierre en lui affirmant que mes livres n'étaient pas écrits pour lui et que l'on vivait très bien sans faire de philosophie. J'étais même convaincu qu'il était plus facile d'être heureux en étant ignorant, mais je gardai pour moi cette dernière idée. Puis je me tournai vers mon frère Joachim et lui demandai des nouvelles de sa propre famille. Marguerite parut soulagée de me voir changer de sujet et nous terminâmes le repas en échangeant des banalités sur l'éducation des enfants et les travaux du parlement de Bretagne.

Le lendemain, comme convenu, nous partîmes pour Crévis, où nous fûmes accueillis par Pierre Rogier, notre beau-frère. Je pris chambre chez lui tandis que mes frères choisissaient d'habiter chez des amis voisins.

Les discussions autour de la succession durèrent plusieurs jours. Il fallut tout d'abord nous mettre d'accord sur la valeur des biens et nous accorder ensuite sur la façon de les répartir. Nos intérêts étaient divergents, mais nous souhaitions quand même arriver à une solution permettant à chacun d'y trouver son compte.

Les négociations étaient âpres, mais elles furent facilitées par les précieux conseils de notre beau-frère. J'avais toujours apprécié la finesse de son esprit, mais j'eus l'occasion au cours de ces journées de mesurer toute son intelligence. Il nous obligeait parfois à suspendre nos entretiens pour nous permettre de prendre du recul et ainsi de dépassionner les débats. Il mettait à profit ces moments de repos pour aller de l'un à l'autre et construisait petit à petit les voies d'un accord.

Au bout du compte, nous trouvâmes un arrangement et mon frère Pierre accepta de mettre sa signature au bas d'un texte rédigé en commun. C'était la fin d'un moment difficile et j'en éprouvai un grand soulagement.

Je n'avais pas obtenu tout ce que j'espérais, mais je connaissais la longueur des procédures et, quoi qu'on en dise, le caractère aléatoire de certaines décisions. La sagesse l'avait emporté et c'était aussi bien comme ça.

Le pacte familial auquel nous étions parvenus améliorait sensiblement mes rentes et me laissait espérer une meilleure santé financière. Sous réserve des mouvements de monnaies, et en particulier d'une dépréciation de la livre, j'allais maintenir un train de vie honorable et poursuivre mes travaux dans une relative sérénité. De plus, j'espérais encore obtenir une pension et, dans ce cas, j'étais à l'abri de tout souci pour les années à venir.

Je décidai de rester chez mon beau-frère jusqu'à la fin du mois d'août et profitai de ce moment pour me reposer. Je n'étais plus très jeune et ce voyage m'avait fatigué. La tension des journées passées avec mes frères pesait également. J'avais besoin de prendre soin de moi et de chasser ces courbatures qui me bloquaient les muscles du dos.

En quittant Crévis, je passai par Sucé-sur-Erdre, où résidait mon demi-frère, puis je regagnai Paris. J'étais heureux de retrouver Picot et Mersenne. Ils m'avaient fait savoir que des exemplaires de mes *Principes de la philosophie* étaient enfin arrivés. J'avais l'intention de les distribuer avant de préparer mon retour vers les Provinces-Unies. Mon pays d'adoption me manquait et il était temps pour moi de quitter le sol français.

Une bonne nouvelle m'attendait à Paris. La princesse Élisabeth, à qui j'avais adressé un exemplaire des *Principes de la philosophie*, accusait réception de mon envoi et m'avouait avoir été touchée de la dédicace accompagnant l'ouvrage. Je ne lui avais rien dit de ce petit texte dans lequel je rendais grâce à son esprit qui lui avait permis, mieux que quiconque, de comprendre ce que j'avais jusque-là écrit.

La princesse avait commencé à lire le premier chapitre et elle se réjouissait de me voir exposer avec clarté et concision les fondements de ma métaphysique. Elle lisait comme à son habitude avec beaucoup de précision et m'annonçait avoir déjà plusieurs questions à me poser. Elle les avait notées dans un petit calepin et se promettait de m'en parler à notre prochaine rencontre.

Dans une autre lettre, écrite quelques jours plus tard, la princesse m'ouvrait son âme et confessait combien elle se sentait seule dans sa résidence de La Haye. Les journées se succédaient sans joie. Elle tenait son rôle avec ennui et luttait pour ne pas s'enfuir loin de cette cour sur laquelle régnait sa mère. Elle savait pourtant que rien ne pourrait la guérir. Les médecins lui prescrivaient des remèdes réconfortants, mais ceux-ci restaient sans effet. Sa tristesse était toujours présente. Elle n'avait aucun goût à vivre, même si l'étude des sciences lui donnait encore un peu de plaisir.

Je répondis à la princesse pour la remercier de ses lettres et l'assurer de mon prochain retour. Je ne savais pas encore où j'allais m'établir, mais je lui promis de passer par La Haye et de lui rendre visite dès mon arrivée.

Je trouvai donc des exemplaires de mes *Principes de la philosophie* en arrivant à Paris. J'en fis porter aussitôt un certain nombre à des savants et théologiens recommandés par Mersenne et par Picot. J'en donnai aussi un exemplaire au duc de Luynes, à Mydorge et à Chanut. J'étais content de l'édition et notamment de la reproduction des figures. C'était un point qui m'inquiétait toujours, et là j'étais rassuré. J'envoyai un mot à Louis Elzevier pour le féliciter de son travail et lui demander de se tenir prêt pour une seconde édition. Il me restait à espérer que mes *Principes* seraient l'objet d'un bon accueil.

Pendant ce temps, Chanut m'informa qu'il avait réussi à m'obtenir un rendez-vous avec le chancelier Séguier. Il devait avoir lieu au début de la semaine suivante et nous profitâmes des quelques jours restants pour nous assurer certains appuis, notamment du côté de l'Académie. Je revis ainsi Valentin Conrart, qui était au courant de cette rencontre et qui m'assura soutenir ma demande de pension. Je l'en remerciai et je me pris à rêver d'une consécration officielle. Mersenne modéra mon enthousiasme, mais je mis cette réserve sur le compte de sa grande prudence.

Puis, à la demande de Picot, je me réconciliai avec plusieurs de mes adversaires. Le père Bourdin était au nombre de ceux-ci. Nous avions très durement polémiqué, mais j'étais prêt à tout oublier. Pour preuve de bonne volonté, je lui offris un exemplaire de mes *Principes* et lui indiquai que je serais sensible à ses remarques.

Ces gestes de bonne volonté visaient à m'attirer la sympathie des jésuites dont l'influence était chaque jour grandissante. Tous mes interlocuteurs confirmaient ce point et m'incitaient à la méfiance. Le père Mesland avec qui j'entretenais des relations de confiance m'avait confirmé les nombreuses résistances auxquelles se heurtaient mes idées. Il était pour sa part totalement acquis à ma philosophie, mais il se savait minoritaire à l'intérieur de la Compagnie de Jésus. Il fallait écarter les suspicions dont j'étais l'objet et accepter certains compromis.

Le chancelier Séguier nous reçut dans son bureau du ministère et nous invita à nous asseoir dans un coin salon aménagé pour les visiteurs. J'étais accompagné de Chanut. De son côté, il était entouré de deux personnes dont j'ai aujourd'hui perdu le nom.

Le chancelier était plus grand que je ne l'imaginais. Il avait les épaules larges, un visage long et un regard perçant qu'il fixait droit sur vous. Une belle perruque descendait sur ses épaules. Ses manières étaient affables, mais on sentait chez lui l'homme de pouvoir habitué à être obéi.

Pierre Chanut se chargea des présentations. Il évoqua les essais qui avaient accompagné mon *Discours de la méthode* et souligna la nouveauté de mes recherches en matière de dioptrique et de géométrie. Depuis les provinces du Nord où j'avais choisi de résider, j'avais conduit d'importantes recherches reconnues par mes pairs. Chanut insista sur ce point. J'étais un scientifique et lui-même témoignait de l'écho rencontré par mes pensées. Il cita le nom de savants avec lesquels je correspondais et l'accueil chaleureux dont j'avais bénéficié à mon arrivée à Paris.

« C'est bien, dit Séguier, je connais les travaux de M. Descartes. » Puis il se tourna vers moi et m'interrogea sur la situation des Provinces-Unies. Je lui dis que je m'intéressais peu à la politique et que mes études occupaient tout mon temps. Il parut déçu et me demanda pourquoi j'avais choisi de quitter la France. Je fis une réponse trop longue et trop embrouillée car je tâchai d'expliquer que j'avais besoin de calme et que l'agitation des salons parisiens n'était guère propice à un travail de réflexion.

Le chancelier hocha la tête. Il ne semblait pas convaincu. Un moment de silence s'installa dans la pièce et nous entendîmes tinter une petite horloge de bureau. Enfin le chancelier reprit la parole et s'inquiéta de mes relations avec les docteurs de la Sorbonne. Il avait entendu dire que ma métaphysique faisait débat et que certaines de mes thèses étaient contestées par les théologiens.

J'essayai de le rassurer. Mes relations avaient parfois été tendues avec les autorités, mais il s'agissait de malentendus et j'avais pris la peine de m'en expliquer. Ma méthode était nouvelle et il était normal qu'une telle démarche ait besoin d'être clarifiée. Chanut confirma mon propos et rappela que mes *Méditations métaphysiques* avaient reçu l'agrément de la Sorbonne. Il s'arrangea également pour évoquer certains de mes soutiens au sein de la Compagnie de Jésus et laissa entendre que les jansénistes étaient à l'origine des cabales montées contre moi.

Le chancelier sourit, mais ne releva pas ce dernier point. Nous parlâmes ensuite de sujets touchant aux arts et aux lettres et le chancelier souligna l'intérêt qu'il portait à l'Académie française. J'en profitai pour citer le nom de Valentin Conrart et des autres académiciens dont j'avais fait la connaissance. Il les connaissait naturellement et notre entretien se termina de la plus belle manière. Le chancelier avait l'air détendu et il me dit qu'il suivrait avec attention la publication de mes prochains livres.

Une fois dehors, je confessai à Chanut que je ne savais quoi penser de notre entretien. Le chancelier n'avait laissé percer aucune de ses intentions. Ses conseillers étaient restés discrets et la question de ma pension n'avait pas été abordée. Chanut se voulut encourageant. Il promit de faire porter dans l'après-midi un courrier au secrétariat de la chancellerie et de suivre personnellement mon dossier. Je le remerciai de ces démarches, même si je doutais de leur efficacité. Je n'étais pas un homme de cour et, en dépit de mes efforts, j'avais du mal à endosser l'habit des courtisans.

Deux jours plus tard pourtant, je me rendis à une invitation d'une cousine du chancelier qui tenait salon dans son hôtel particulier. J'espérais rencontrer Valentin Conrart, qui était le plus précieux de mes intermédiaires auprès du chancelier. Je pensais qu'il aurait eu vent de mon entretien et qu'il serait en mesure de m'indiquer si je pouvais ou non espérer bénéficier d'une largesse royale. Malheureusement, il n'était pas là. Un autre académicien était présent, mais il jouait aux cartes et je ne pus m'entretenir en tête à tête avec lui. De toute manière cela aurait été inutile. Ce n'était pas un proche du chancelier et il ignorait sans doute tout de ma démarche. Je me consolai en passant un long moment avec le chevalier Digby dont la conversation toujours amusante me fit pour un temps oublier mes soucis.

J'aimais la personnalité de sir Kenelm Digby. Peut-être était-ce à cause de sa vie aventureuse et de la mauvaise réputation dont il souffrait auprès d'un grand nombre de personnes. Mersenne m'avait mis en garde contre lui et Picot essaya de me faire peur en me racontant qu'il avait écumé durant deux ans la Méditerranée en compagnie d'une bande de corsaires. À cette occasion, il s'était livré à de nombreux trafics, ce qui lui avait permis d'accroître considérablement sa fortune.

« Vous croyez vraiment à toutes ces histoires ? demandai-je.

– Elles m'ont été rapportées de sources sûres. »

Je doutais de ces informations car sir Kenelm Digby était l'héritier d'une grande famille aristocratique. Certains racontaient que Marie de Médicis avait eu des faiblesses à son égard et qu'il avait longtemps vécu en Italie et en Espagne où il s'était initié à l'alchimie. Il avait également traversé une grave crise religieuse au terme de laquelle il avait abandonné sa foi anglicane pour rejoindre l'Église catholique. Il était ainsi devenu un fervent partisan du pape. Cela lui avait valu de nombreux ennuis dans son pays d'origine où l'on prit prétexte d'un duel pour prononcer à son encontre une mesure d'expulsion.

Digby se réfugia en France où il fut accueilli avec curiosité. Les autorités se méfiaient cependant de lui car chacun connaissait son caractère instable et son goût pour les complots. Il gardait des soutiens à la cour d'Angleterre et dépensa beaucoup d'énergie et d'argent à lutter contre des ennemis souvent imaginaires.

Ce n'était pourtant pas ces aspects-là de sa personne qui m'intéressaient. Un professeur de l'université de Leyde m'avait indiqué qu'il était l'inventeur de « la poudre de sympathie », censée guérir à distance toutes sortes de plaies. Il s'agissait d'une préparation à base de vitriol qui attirait vers elle les animaux malins infectant les blessures. J'espérais pouvoir bénéficier d'une démonstration et me faire ainsi une idée plus précise des vertus de cette fameuse poudre. Je n'avais pas d'a priori, même si j'étais sceptique. Ce qui me troublait, c'était d'avoir entendu des médecins respectables qui déclaraient avoir constaté les effets bénéfiques de ce remède. Je pensais notamment à un de mes compatriotes qui vivait à Amsterdam. Il avait fait la guerre et affirmait avoir vu des blessés soignés par ce procédé.

Une autre histoire courait également sur le compte du chevalier. On racontait qu'il avait épousé une femme d'une grande beauté qu'il avait ravie à un lord anglais. Il en était profondément amoureux et il lui avait promis de tout faire pour l'empêcher de vieillir. Celle qui était devenue lady Digby craignait en effet les ravages du temps. Elle redoutait par-dessus tout de voir son visage se flétrir comme un pruneau trop sec.

Dans sa résidence de campagne, le chevalier avait installé un véritable laboratoire. Il mettait au point des crèmes de toutes sortes que son épouse utilisait à profusion. Un jour pourtant, une ride apparut sur le visage de lady Digby et celle-ci sombra dans une profonde mélancolie. Elle fit couvrir d'un voile noir les miroirs de sa chambre et vécut dans une obscurité presque constante.

Sir Kenelm ne fut pas pour autant découragé. Il poursuivit ses recherches et se convainquit qu'une alimentation nouvelle pouvait assurer à sa femme une jeunesse éternelle. Il fit réduire des décoctions de plantes et les mélangea à de la poudre de métaux et du venin de serpent. La mixture se révéla très vite être un poison et lady Digby mourut en quelques jours. Le scandale fut étouffé grâce à l'intervention du roi lui-même.

Il fallait bien sûr, dans ce récit, démêler le vrai du faux et j'étais persuadé que le chevalier n'avait pu porter atteinte à la santé de sa femme. Sa vie romanesque favorisait l'imagination des chroniqueurs. D'autres rumeurs racontaient d'ailleurs une histoire très différente. Lady Digby avait été atteinte d'un mal sournois. Personne n'en connaissait l'origine et les médecins avaient annoncé une mort rapide. Le chevalier avait néanmoins décidé de se battre et, grâce à ses soins, il avait réussi à prolonger la vie de son épouse de plusieurs mois.

J'étais enclin à croire cette version des faits. Mes échanges avec sir Kenelm m'avaient permis de prendre au sérieux ses travaux et je retrouvais dans ses préoccupations quelques-unes de celles qui m'ont toujours intéressé.

Je suis convaincu qu'un jour nous percerons les secrets de la vie. Alors nous pourrons la reproduire et assurer le développement harmonieux de l'humanité. Nous serons débarrassés de nos peurs liées à la maladie et à la mort. Les épidémies seront vaincues. Nous soignerons les blessures les plus graves et nous guérirons les maux dont nos corps sont affectés. Francine ne mourra plus et je pourrai la voir grandir et lui faire découvrir les choses merveilleuses qui composent notre monde.

Ce soir-là, je parlai longtemps avec le chevalier Digby. Un chirurgien du roi se joignit à nous et je découvris que nous mettions tous les trois les mêmes espoirs dans les possibilités de la science.

À l'autre bout du salon, je voyais Mersenne qui me regardait d'un air fâché. Plus tard, il me dit que j'avais tort de m'afficher avec lord Digby. Ma réputation risquait d'en souffrir et il me rappela que par le passé j'avais déjà été suspecté d'appartenir au mouvement des Rose-Croix. Ce soupçon avait compliqué mes relations avec la bonne société et les autorités du pays. Je pris acte de ses reproches et me réjouis de retrouver bientôt les Provinces-Unies où régnait décidément une plus grande tolérance.

Je restai cependant encore plusieurs jours à Paris dans l'attente de la réponse du chancelier Séguier. Chanut intriguait, mais ses sollicitations n'avaient toujours rien donné. Picot, qui me trouvait nerveux, essaya de me distraire en me soumettant divers problèmes mathématiques sur lesquels j'acceptai de travailler. Il me fit aussi rencontrer quelques savants tandis que le duc de Luynes essayait à nouveau de me mettre en contact avec ces messieurs de Port-Royal. Je déclinai l'invitation et envisageai de trouver un logement en dehors de Paris si mon séjour devait se prolonger.

Un soir pourtant, je tombai sur Valentin Conrart accompagné d'un autre académicien. Je profitai de cette rencontre pour tenter de savoir si mon dossier avançait, mais j'eus devant moi un interlocuteur fuyant qui s'arrangea pour ne répondre à aucune de mes questions.

Cette attitude m'inquiéta. Je m'en ouvris à Chanut, qui partagea mes craintes. Il m'avoua que le chancelier s'était renseigné sur mon compte et que mes ennemis s'employaient à le dissuader de répondre favorablement à ma demande.

Je n'étais pas surpris. L'opposition suscitée par mes idées était toujours aussi forte et j'étais à nouveau rattrapé par des manœuvres de toutes sortes. Mes ouvrages étaient critiqués dans de nombreuses écoles et ma personne trop souvent attaquée. Comment avais-je pu être aussi naïf ? Comment avais-je pu croire qu'un soutien officiel me serait apporté ? Mes *Principes de la philosophie* n'avaient encore donné lieu à aucune réaction particulière, mais les polémiques qui avaient accompagné mes livres précédents suffisaient à me disqualifier. Les autorités ne prendraient pas le risque de se porter caution. J'étais décidément bien seul, à l'exclusion de quelques amis dont le pouvoir n'était rien à côté de celui de mes adversaires.

Je pris la résolution de partir au plus vite. J'avais hâte de regagner mes Provinces-Unies. Des vents mauvais retardèrent cependant mon départ de Calais. J'en profitai pour lire la traduction que Picot avait commencée de mes *Principes de la philosophie.* Ce fut une des rares consolations de ce voyage. Son travail reflétait fidèlement ma pensée. Il avait su trouver dans la langue française les mots qui convenaient à mes démonstrations. Je l'encourageai donc à poursuivre. Il ne m'avait remis que les deux premières parties de mon livre, mais il avait déjà entrepris de traduire la fin de l'ouvrage. J'attendais son manuscrit et lui promis de le relire avec attention.

Le retour en Hollande fut un soulagement. Après quelques hésitations, je décidai de m'installer à Egmond-Binnen, qui se trouvait non loin d'Egmond-aan-den-Hoef où j'avais vécu avant mon départ pour la France. Je ne savais pas encore que ce serait ma dernière résidence dans ce pays.

La maison était confortable et elle avait l'avantage d'avoir un grand jardin dans lequel je m'amusai à faire pousser quantité de légumes. J'avais aussi des lapins, des poules et d'autres animaux dont je me servais parfois pour mes travaux scientifiques.

Cette vie à la campagne me convenait bien et j'oubliai très vite les salons parisiens et leur lot de jalousies et de médiocres rivalités. Je faisais de longues marches solitaires et me livrais certains après-midi à des expériences de botanique dont je transmettais les résultats au chevalier Digby. Je connaissais son goût pour les choses de la nature et l'invitai à passer quelques jours à Egmond-Binnen s'il lui prenait fantaisie de visiter les Provinces-Unies.

Je retrouvai aussi la princesse Élisabeth et nous reprîmes le cours de nos discussions et notre habitude de correspondre quand l'éloignement se prolongeait. Mes *Principes de la philosophie* suscitaient de sa part de nombreux commentaires et elle m'interrogea longuement sur les causes de nos erreurs dont la plupart sont dues aux préjugés de notre enfance et à la paresse de notre esprit quand il cesse d'être attentif aux choses que nous jugeons.

J'avais trouvé la princesse Élisabeth très affaiblie à mon retour de France. La première fois que nous nous vîmes, elle resta allongée tout le temps de notre entretien. Elle se tenait sur un long canapé de salon, les jambes couvertes d'un châle de laine. Elle me raconta qu'elle avait été malade à plusieurs reprises et que nos entretiens lui avaient beaucoup manqué. Je lui demandai quels traitements avaient été prescrits par les médecins, mais elle me répondit que tout ceci était sans importance. Elle savait qu'elle ne guérirait pas. Sa mélancolie était trop profonde et son âme tourmentée par trop de désillusions et de souffrances.

Je pensais néanmoins qu'elle devait continuer d'espérer et, pour la faire sourire, je lui contai l'histoire de « la poudre de sympathie » du chevalier Digby. Je précisai que je n'avais jamais eu l'occasion d'en vérifier l'efficacité, mais que plusieurs témoins m'avaient affirmé qu'elle était en mesure de traiter les lésions les plus graves. L'un d'entre eux avait vu se refermer une plaie profonde après qu'un apothicaire avait versé un sachet de poudre sur des cendres de cheminée qui se trouvaient à plusieurs mètres d'un blessé. L'apothicaire confirmait ainsi le phénomène d'attraction que « la poudre de sympathie » exerçait sur les petits animaux qui empêchaient la guérison. La poudre les attirait à l'extérieur et les étouffait ensuite sous les cendres.

La princesse fut étonnée de me voir évoquer ces travaux d'alchimiste dont elle pensait que je connaissais la vanité. Je la rassurai et précisai ne pas confondre cette pratique ésotérique et la démarche rigoureuse que la science exigeait. Depuis longtemps, je ne croyais plus en la possibilité de transformer le plomb en or. C'était une des raisons pour lesquelles je n'aurais jamais rejoint l'ordre des Rose-Croix ni toute autre de ces sociétés secrètes qui fleurissaient en notre siècle de grande inquiétude.

Notre monde était régi par des lois rationnelles et non par un jeu de correspondances mystérieuses entre les éléments de la nature. De la même façon le mouvement des planètes n'avait aucune incidence sur le destin des hommes, en dépit de ce que croyaient les astrologues. Les étoiles étaient là bien avant les hommes et ce n'était pas pour nous qu'elles brillaient. La carte du ciel était muette. C'était une immense machine dont nous commencions tout juste à comprendre les rouages.

La princesse parut apaisée, mais elle refusa d'en écouter davantage quand j'ajoutai que j'aimais bien le chevalier Digby. Elle me rappela d'une voix triste qu'elle avait vu trop d'imposteurs et de charlatans à la cour de son père. Je n'insistai pas car, comme chaque fois qu'elle parlait de l'électeur palatin, je voyais son visage pâlir.

Je fis aussi à cette même période plusieurs séjours de courte durée à Amsterdam. Je m'y livrais encore à la dissection de cadavres car j'avais décidé de rédiger un petit traité portant sur la description du corps humain. Je travaillais avec deux chirurgiens à préciser le rôle de chacun de nos organes et la façon dont ils agissaient les uns sur les autres.

Nous avions également sous la main des fœtus d'animaux qui nous permettaient de comprendre comment se formaient et se développaient les êtres vivants. Et quand je rentrais à Egmond-Binnen, j'étudiais les plantes et les arbres et toutes ces données étaient consignées dans de petits carnets dans l'attente d'une synthèse générale présentant l'ensemble de notre savoir.

Ma vie était donc organisée autour de mes travaux. Le matin, je méditais dans mon lit et l'après-midi je me promenais dans les alentours ou je mettais en forme les notes prises au cours de mes observations. Le soir, il m'arrivait de répondre à quelques invitations dont je savais qu'elles n'étaient dictées que par le plaisir réciproque de se voir. Cette période de calme et de tranquillité n'allait pourtant pas durer. De nouvelles polémiques s'annonçaient dans les universités et j'allais être une fois de plus l'objet d'une cruelle trahison.

J'ai demandé à Christine de Suède de me dispenser pendant quelques jours de notre rendez-vous matinal, mais elle m'a fait répondre, cet après-midi même, qu'elle m'attendait demain à cinq heures comme à son habitude.

Je pense que je n'irai pas. La fièvre qui agite mon corps depuis une semaine me crée des étourdissements dès que je quitte la position allongée. Il n'y a que dans mon lit que je me sens à peu près bien.

Chanut est venu me visiter tout à l'heure. Il m'a promis d'intervenir en ma faveur auprès de la reine. Il faut qu'elle comprenne que j'ai besoin de soins et de repos, sinon cette région de glace et de vent deviendra mon tombeau. La Suède est un pays invivable et je me demande si je pourrai survivre aux rigueurs de l'hiver. Mes amis sont loin et beaucoup d'entre eux sont morts. Il ne reste autour de moi que leurs fantômes et j'ai parfois l'impression de vivre dans un théâtre d'ombres qui ne ressemble plus à rien.

Dans son message, la reine a justifié notre rendez-vous par les réponses qu'elle attend sur un projet d'Académie et sur le mystère de l'eucharistie. Je n'aime aucun de ces deux sujets. Nous avons déjà eu l'occasion de les aborder à plusieurs reprises, mais la reine y revient sans cesse et il m'est difficile de me soustraire à ses questions.

La reine a formé l'idée de créer une académie sur le modèle de l'Académie française. Elle veut montrer ainsi l'importance qu'elle attache aux arts et aux lettres et donner à sa ville de Stockholm un rayonnement particulier. Son entourage a applaudi comme il applaudit à chacune de ses idées. Je ne suis pas sûr pourtant qu'il y ait assez de talents en ce pays pour justifier une telle initiative. Quoi qu'il en soit, une somme importante a été débloquée et les ministres concernés ont reçu l'ordre de s'intéresser au dossier.

Le paradoxe, c'est que la reine m'a prié de réfléchir aux statuts de cet établissement. J'ai d'abord répondu que je n'avais aucune qualité pour le faire et qu'il y avait à la cour bien des courtisans capables de porter ce projet. J'ai même suggéré des noms, mais je me suis heurté à son refus. Devant cette attitude, j'ai dû m'incliner. J'ai donc accepté de lui soumettre quelques propositions dans les meilleurs délais. Mes hésitations n'étaient pourtant pas feintes. Je sais que cette demande va encore compliquer les relations que j'entretiens avec les conseillers de la cour. Ils imaginent que je cherche à les supplanter alors même que je me suis toujours tenu à l'écart des intrigues politiques.

Il est vrai que la reine a laissé entendre que je pourrais prendre la direction de cette académie. Elle espère par ce moyen me garder auprès d'elle car elle me soupçonne de vouloir retourner vivre en Hollande. Elle ne se rend pas compte que je n'ai plus la force d'entreprendre un long voyage et que mes difficultés matérielles rendent impossible toute nouvelle installation. Sur ce point, je devrais cependant être rassuré. Chanut m'a dit que la reine s'apprêtait à me donner des terres et à me faire bénéficier d'une rente confortable. Dans un autre contexte, cette nouvelle m'aurait ravi. J'y aurais vu la preuve de cette reconnaissance attendue toute ma vie.

Aujourd'hui, cependant, je devine le piège qui m'est tendu. Si j'accepte de lier mon sort à celui de la future académie, il en sera fini de cette liberté à laquelle j'ai toujours été attaché. Or, je ne suis pas prêt à y renoncer, fût-ce pour une prison dorée. Je vais donc introduire une clause dans les statuts interdisant aux étrangers de faire partie de cette assemblée. Il me semble que c'est le cas de l'Académie française, ce qui me fournirait un argument convaincant. Dès demain, je vais écrire à Valentin Conrart pour me faire préciser ce point. La reine Christine sera bien obligée de m'écouter. En aucune façon je ne jouerai un rôle officiel, même si ma santé m'y autorisait. Cela me transformerait en courtisan et je ne peux me faire à cette idée.

Pour ce qui est de l'eucharistie, mes réticences à en parler sont naturellement d'un autre ordre. D'abord je sais pourquoi la reine souhaite traiter de ce sujet. La semaine passée, des jésuites sont arrivés à Stockholm et ont été plusieurs fois reçus en audience privée. Les autorités religieuses du pays s'en sont inquiétées et la cour essaye par tous les moyens de contrer cette influence romaine. Des incidents ont eu lieu et un pasteur a failli en venir aux mains avec l'un des membres de la Compagnie de Jésus. Les disputes font rage et parmi celles-ci figure la question de l'eucharistie.

Pour les catholiques, le moment de la consécration transforme le pain et le vin en corps et sang du Christ. Le pain et le vin perdent leurs substances respectives, même s'ils gardent par ailleurs leurs apparences d'origine. C'est le mystère de la transsubstantiation, c'est-à-dire la transformation d'une substance en une autre.

Pour les protestants, au contraire, le corps et le sang du Christ coexistent avec le pain et le vin. Ces aliments conservent donc leurs propres substances. La consubstantiation s'oppose ainsi à la transsubstantiation.

La reine, qui aime les subtilités théologiques, a déjà cherché à connaître mon point de vue et j'ai eu toutes les peines du monde à éviter de me prononcer. Je n'ai aucune envie de participer à toutes ces controverses. Je respecte les croyances de mon Église et cela me suffit.

La reine va me rappeler qu'il m'est arrivé dans le passé d'évoquer cette question, mais je l'ai fait à mon corps défendant et uniquement parce que ma philosophie était attaquée. Je ne veux plus, aujourd'hui, me retrouver au cœur d'une nouvelle polémique. Je n'en ai plus la force et n'en ai jamais eu le goût.

La reine n'obtiendra rien de moi. J'imagine que je vais la fâcher, mais je dois préserver mon repos. Mes poumons me brûlent et ma respiration est de plus en plus sifflante. J'ai mal à la tête. Pour ce soir, j'arrête d'écrire, même si je sais que le sommeil sera difficile. Mes insomnies se multiplient et une immense lassitude finit par me gagner tout entier.

Je ne vais pas retracer le détail des disputes qui m'occupèrent à mon retour de France. Par chance, j'en ai perdu en partie la mémoire. Ces moments ne sont plus que de lointains souvenirs où se confondent les dates et les visages haineux de mes adversaires.

À Paris, les contacts pris avec les membres de la Compagnie de Jésus laissaient entrevoir la possibilité de relations apaisées avec mes anciens contradicteurs. Je cherchais la paix et c'était dans cet état d'esprit que j'arrivais en Hollande. J'espérais mettre un terme aux différentes polémiques qui entouraient mon œuvre. Je souhaitais aussi en finir avec les procédures qui restaient pendantes devant les instances de plusieurs universités. Je demandai donc à mes partisans de ne pas envenimer les débats et rédigeai plusieurs mémoires pour expliquer ma pensée.

Il ne s'agissait pas, bien sûr, de renoncer à l'essentiel, mais d'éteindre les controverses les plus vives et d'argumenter plus sereinement. Je m'étais réconcilié avec Bourdin. Je pouvais tendre la main à Voetius en dépit de sa mauvaise foi.

Dans ce contexte, j'accueillis avec satisfaction un jugement rendu à l'université de Groningue qui récusait les soupçons d'impiété dont j'étais accusé. Mes adversaires étaient déboutés et renoncèrent à poursuivre leur procédure. Je cherchai alors à obtenir le même résultat des magistrats d'Utrecht. Malheureusement, ce ne fut pas le cas et mes écrits furent condamnés. La déception était cruelle. Cette fois-ci c'était mes ennemis qui remportaient une victoire. Des affiches furent placardées contre moi et des professeurs favorables à mes idées virent leurs cours perturbés par des chahuts organisés.

Pendant plusieurs jours, je restai abattu et m'enfermai dans ma maison d'Egmond-Binnen. Je ne savais pas quel parti prendre et faillis brûler l'ensemble de mes manuscrits. Seul un courrier de Pierre Chanut m'annonçant son prochain passage à Amsterdam m'apporta un peu de réconfort. Il espérait me voir durant sa courte halte. Il était en partance pour la Suède où il se rendait à la demande des autorités françaises. Dans sa lettre, il me parlait de la reine Christine et de la cour de Stockholm qui était en passe de devenir l'une des plus brillantes d'Europe.

Ma tristesse était cependant profonde. Je n'avais plus goût à rien et cette mélancolie était aggravée par la naissance de nouvelles controverses issues des rangs de mes propres partisans.

La mort de Reneri en 1639 m'avait fait perdre un allié précieux, mais, à l'époque, j'avais cru trouver un disciple fidèle en la personne d'Henricus Regius. Son caractère était fougueux, ce qui ne facilitait pas forcément les choses. Toutefois, je mettais ses emportements sur le compte de la jeunesse et j'étais heureux de savoir qu'il défendait avec passion mon *Discours de la méthode.*

Regius était médecin de formation, mais il s'était très vite intéressé à la philosophie et il adhérait sans réserve à mes idées. Il était également partisan de Galilée et enseignait les théories de Harvey sur la circulation du sang. Je l'avais connu par Reneri qui me l'avait présenté quand Regius avait été nommé professeur. Mon goût pour la médecine et la botanique nous avait rapprochés et quand Voetius avait lancé ses premières attaques contre moi, il avait multiplié les interventions en ma faveur.

Nos liens s'étaient renforcés et, à mon retour de France, nous avions travaillé ensemble à établir les réponses exigées par les magistrats dans le cadre de mes différentes procédures. Regius écrivait bien et il avait l'avantage de connaître parfaitement le fonctionnement des universités. Il m'assurait de plus de sa fidèle amitié et évoquait souvent la mémoire de Reneri.

J'étais pourtant un peu inquiet de certains de ses propos car je découvris qu'ils ne correspondaient pas exactement à mes propres pensées. Il importe peu de dire ici ce qu'il en était de nos désaccords, mais ceux-ci touchaient à des points sensibles de ma doctrine et en particulier à mes preuves de l'existence de Dieu et à la nature de l'âme humaine. J'acceptai de temporiser, mais nos différences apparurent à l'occasion d'un de ses écrits. Dans celui-ci, il se revendiquait ouvertement de ma méthode, mais développait des réflexions très éloignées de mes convictions.

Je demandai donc à voir Regius et lui dis qu'il m'était impossible de cautionner ses affirmations. Je lui expliquai pourquoi et je m'attendais à ce qu'il fasse amende honorable. Au lieu de cela, il devint très critique et m'informa qu'il maintenait ses positions. Ce soir-là, nous nous quittâmes fâchés et il regagna son carrosse sans même me saluer. Puis, quelque temps plus tard, j'appris qu'il avait prononcé un discours très dur à mon égard. Il ignorait que parmi ses élèves se trouvait le fils d'un de mes amis. Je décidai de réagir. Je m'élevai contre les interprétations faites de ma philosophie et rappelai les principes fondamentaux de ma métaphysique. J'écrivis un texte très court que je diffusai largement. La rupture était inévitable et elle était publique.

Je ne pris naturellement aucun plaisir à agir de la sorte, mais je n'avais guère le choix. La tournure des événements me désolait et j'aurais sans doute pardonné si Regius avait reconnu ses erreurs. Nous avions partagé bien des combats et je n'oubliais pas l'aide qu'il m'avait apportée. Je n'ai pas l'âme rancunière et notre réconciliation était possible. Mais Regius refusa de faire le geste attendu. Il continua à travestir mes pensées et saisit toute occasion pour dire du mal de moi.

Puis le pire arriva.

Je m'aperçus que dans un de ses traités Regius avait fait de larges emprunts à plusieurs de mes manuscrits. J'avais eu l'imprudence de les lui montrer à l'époque où je travaillais en confiance. Il avait repris à son compte certaines de mes démonstrations et s'appropriait mes réflexions tant en matière de science qu'en matière de philosophie. J'eus l'impression de revivre le cauchemar avec Isaac Beeckman quand celui-ci s'était attribué la paternité de mon livre sur la musique. Un proche détournait mes idées à son profit. J'étais à nouveau confronté à la trahison de mon entourage.

Dans le cas de Regius cependant, la situation était encore plus grave. Il ne se contentait pas de plagier mes propos. Il les accompagnait de ses propres commentaires et introduisait ainsi une dangereuse confusion entre sa pensée et la mienne. Ma doctrine était dénaturée et je craignais de me voir attribuer les conclusions de Regius. Il avait été accusé d'athéisme par certains et je n'étais pas loin de partager ce point de vue. Il me fallait donc défendre ma philosophie et, comme je l'avais fait quelques mois plus tôt, je pris à nouveau ma plume et exposai notre différend. Regius répondit et nous échangeâmes plusieurs pamphlets pour exprimer nos positions respectives.

Ces débats m'affectèrent durement car Regius proféra de nombreux mensonges. Dans le même temps, des universités furent le théâtre d'affrontements entre étudiants. Les partisans de la tradition rejetaient la philosophie nouvelle et dénonçaient pêle-mêle les travaux de Galilée et de Harvey, la science expérimentale et mon *Discours de la méthode.* Les professeurs n'étaient pas en reste et les disputes étaient l'occasion pour eux de mesurer leur influence et de convertir leurs auditeurs à leurs propres croyances.

À Leyde, une violente polémique opposa ainsi Adriaan Heereboord, favorable à mes idées, au théologien Jacob Triglandius, qui entendait défendre l'enseignement scolastique. Chacun avait ses partisans et les cours en amphithéâtre donnaient lieu à des attaques répétées. De nombreux écrits étaient publiés à l'appui des différentes thèses. Les auteurs se réfugiaient derrière des signatures anonymes, ce qui autorisait toutes les outrances.

Ces troubles répétés me perturbaient beaucoup et je passais de longues journées sans voir personne dans ma maison d'Egmond-Binnen. Je n'acceptais que de rares déplacements, principalement à La Haye, où je retrouvais la princesse Élisabeth. Sa santé continuait d'être inquiétante et sa mélancolie était quasi continue. Mes visites la distrayaient. Elle me demandait de me confier à elle et de lui raconter les tourments de mon âme. Je m'exécutais volontiers et, dans ces cas-là, je voyais un pâle sourire qui éclairait son visage. Elle essayait de me réconforter et m'incitait à ne pas me laisser abattre. Nos rôles s'inversaient. La princesse s'inquiétait pour moi et j'écoutais ses conseils avec attention. Puis elle revenait à des questions de philosophie et nous dissertions comme de vieux amis au milieu des livres de sa bibliothèque.

C'est pour elle que j'écrivis, durant l'hiver 1645, une première version de mon traité des *Passions* dont le contenu avait donné lieu à de nombreux échanges entre nous. Élisabeth avait toujours du mal à comprendre que l'homme soit un tout constitué de deux substances radicalement différentes, mais dont les forces interféraient sans cesse l'une avec l'autre. Je tentais pourtant d'illustrer cette vérité par des exemples pris dans la vie de tous les jours.

Ainsi, c'était l'âme qui commande nos gestes, même si dans la plupart des cas nous n'en avons pas conscience. Nous décidons par exemple de marcher ou de nous asseoir et, sans nous en rendre compte, nous ordonnons au corps d'exécuter ce mouvement. Cet acte de volonté nous distingue des marionnettes ou des pantins dont les déplacements sont déterminés par des doigts plus ou moins habiles tirant sur un ensemble de fils. Nous ne sommes pas des figurines de théâtre et c'est l'âme qui nous insuffle la vie. Elle agit sur le corps par le biais de cette petite glande du cerveau qui est son siège principal.

À l'inverse toutefois, l'âme est perturbée par des pulsions internes ou par des impressions qui viennent de l'extérieur et qui agitent les « esprits animaux » contenus dans les pores du cerveau. L'excitation des objets sensibles les libère tout à coup et ils se mettent à courir en tous sens.

« Je ne comprends pas bien ce que vous appelez "esprits animaux", dit la princesse.

– Je l'ai expliqué aux articles 10 et 11 du traité des *Passions de l'âme.* Les esprits animaux sont des corps très petits et qui se meuvent très vite, comme les parties d'une flamme sortant d'un flambeau. Ces esprits animaux ne s'arrêtent jamais et quand certains d'entre eux entrent dans les cavités du cerveau, d'autres en sortent aussitôt et se dispersent dans les nerfs et les muscles et plus largement dans tout le corps. Les esprits animaux circulent par le sang dont ils représentent les parties les plus subtiles.

– Mais pourquoi se dirigent-ils vers le cerveau ?

– C'est que le sang qui part du cœur prend son cours en ligne droite grâce à une grande artère qui remonte vers le haut du corps. Ensuite le sang s'écoule par des passages fort étroits qui ne laissent passer que les parties les plus agitées et les plus subtiles que sont les esprits animaux. Le reste reflue et se répand ailleurs dans le corps.

– Ce sont donc ces esprits animaux qui permettent aux muscles de se mouvoir ?

– Oui, c'est ainsi, et lorsque des muscles s'accourcissent, cela signifie que d'autres s'allongent. Les esprits qui viennent du cerveau obligent les autres esprits qui se trouvent déjà dans les muscles à en sortir aussitôt et à trouver refuge ailleurs. Le muscle d'où ils sortent devient plus long et celui dans lequel ils entrent se rétrécit et tire sur le membre auquel il est attaché. »

Élisabeth m'écoutait tandis que je lui exposais ces principes d'anatomie, mais je voyais bien qu'elle restait dubitative. Elle avait sans cesse besoin de plus de précisions pour être convaincue et elle m'interrogeait encore sur la façon dont les objets du dehors agissaient sur les organes des sens, sur la chaleur du corps, sur la perception, sur l'origine de certaines croyances et sur les raisons qui font que la joie fait rougir et que la tristesse fait pâlir.

J'expliquais à la princesse toute cette physiologie des passions qui rendait compte de nos humeurs et qui renvoyait à notre sort quotidien. Notre existence était faite d'amour et de haine, d'envie et de pitié, mais aussi de remords, d'indignation et de colère. Et c'était sans doute cette vérité qui gênait Élisabeth, dont le rêve secret aurait été d'être un pur esprit. Elle n'aimait pas la vie et la vie le lui rendait bien. Sa langueur maladive creusait ses joues et la rendait très étrange aux yeux de son entourage.

Elle était profondément affectée par son enfance et par les difficultés de sa famille. Chaque drame aggravait encore la situation. Il en fut ainsi quand une de ses sœurs, la princesse Louise-Hollandine, se laissa abuser par un jeune français de passage à la cour.

Le comte de l'Épinay avait belle figure et des manières galantes. On les voyait souvent ensemble dans les allées du château où ils aimaient à se promener. Le comte avait mauvaise réputation et plusieurs personnes essayèrent de prévenir la princesse. Ce fut malheureusement inutile et le scandale finit par éclater au grand jour. Louise-Hollandine avait été séduite et le comte refusait de réparer l'outrage. Il nia toute responsabilité et continua d'apparaître comme si de rien n'était. Son attitude était pure provocation.

J'ai su plus tard qu'on lui avait demandé de quitter les lieux, mais qu'il s'était contenté de rire et d'affirmer que son épée était solide. Il aurait dû cependant se méfier. Les courtisans poussaient à la vengeance et chacun attendait une réaction de la famille palatine. Celle-ci ne tarda pas. Un jour du mois de juin, on retrouva le comte assassiné et nombreux furent ceux qui considérèrent que justice était faite. Dans leurs esprits, le prince Philippe, frère aîné de Louise-Hollandine, avait commandité le meurtre et lavé l'honneur de sa sœur cadette. Personne ne prit la défense du comte de l'Épinay et les autorités françaises se contentèrent d'une déclaration de pure forme. L'affaire était close, sauf pour Louise-Hollandine dont la vie était gâchée.

Puis, quelques semaines plus tard, la princesse Élisabeth décida de quitter discrètement la ville. L'entourage de la reine-mère indiqua qu'elle partait rendre compte des événements dans différentes cours européennes. La famille palatine entretenait des relations avec la plupart des souverains et le drame de Louise-Hollandine méritait quelques explications.

Sur le coup, personne n'y trouva à redire, mais très vite une rumeur se fit de plus en plus insistante. On chuchota que c'était la princesse qui avait organisé l'assassinat du comte et que sa famille avait été mise devant le fait accompli. Sa mère, inquiète des conséquences de son acte, avait décidé de son exil.

Je ne sais pas naturellement quelle est la vérité, mais cette rumeur ne m'a jamais paru absurde. L'âme tourmentée de la princesse pouvait la conduire à de telles extrémités. Elle avait en elle une violence contenue qui ne demandait qu'à s'exprimer. L'honneur de sa famille était ce qu'elle chérissait le plus. J'imagine assez bien qu'elle refusait d'accepter l'abus dont sa sœur avait été l'objet. J'ignore comment elle est entrée en contact avec des hommes de main et par quel miracle le complot n'a pas été éventé. Alphonse de Pollot m'a parlé d'un jeune capitaine dont les sentiments pour la princesse étaient connus. Le secret en tout cas a été bien gardé et la princesse ne m'en a jamais touché mot.

Je me souviens très bien de notre dernière soirée. Nous étions dans la bibliothèque du château et nous nous promîmes de nous revoir bientôt. Élisabeth partait le surlendemain. Elle me dit que nos discussions allaient lui manquer et elle se laissa prendre la main un peu plus longtemps que ne l'exigeait le protocole. Elle me fit promettre d'être prudent et de m'exposer le moins possible aux critiques des universités. Je la rassurai et restai tard dans la soirée. Mon carrosse était le dernier à attendre dans la cour du château. Je réveillai mon cocher et nous quittâmes La Haye sous un ciel étoilé.

Je n'ai plus jamais revu la princesse, mais nous avons continué à correspondre de façon plus ou moins régulière. J'ai apporté à Stockholm beaucoup de ses lettres et il m'arrive parfois de les relire avec émotion. Au moment où ma vie se termine, je me dis que j'ai peut-être été aimé. C'est une douce consolation au milieu de mes difficultés présentes.

Le départ de la princesse fut cependant une nouvelle épreuve. Il rendait plus manifeste le vide de ma vie. Je passai à Egmond-Binnen un hiver affreusement triste. Les polémiques se poursuivaient et je voyais naître un peu partout de nouvelles attaques contre moi. J'étais incompris et calomnié. Plusieurs universités interdirent l'enseignement de ma philosophie et la censure frappa la diffusion de mes ouvrages. J'étais l'objet de toutes les caricatures et regrettais parfois le tour donné à ma vie. Je repensais aux rêves qui m'avaient agité dans mon « poêle » de Neubourg. Ils avaient décidé de mon sort et je me disais parfois que je m'étais trompé.

Sans ces rêves, j'aurais continué une carrière militaire et trouvé sur les champs de bataille des occasions de victoire et de gloire. Si la mort ne m'avait pas arrêté, j'aurais ensuite profité des avantages que la célébrité donnait. Je serais retourné à la vie de salon et la science serait restée, comme pour beaucoup de savants, une simple distraction. Je n'aurais pas cherché à m'interroger sur ses fondements métaphysiques et ma vie aurait gagné en tranquillité et en confort.

Après Neubourg, je m'étais écarté de ce chemin pour me consacrer à l'étude de la vérité. J'étais parvenu à de nombreuses certitudes, mais je constatais que les esprits étroits dominaient notre temps. Il ne se passait guère de jours sans que j'entende des critiques de ma pensée. J'avais tout sacrifié à la philosophie et, du fond de mon exil, je faisais le triste constat d'être malheureux.

Mersenne m'incitait à revenir à Paris pour échapper à ma mélancolie. Pour me convaincre, il m'indiqua dans une de ses lettres que ma demande de pension royale serait bientôt de nouveau examinée. Je préparai donc mon voyage et demandai à l'abbé Picot s'il pouvait m'héberger le temps de ce séjour. Sa réponse positive me décida, d'autant qu'il me fallait, une fois encore, m'occuper de la succession de mon père.

Mon frère n'avait pas changé et, en dépit des engagements pris, il faisait preuve de très mauvaise volonté. Ma situation financière en pâtissait et les manigances de Pierre me rendaient la vie difficile. Nous avions un accord, mais il s'arrangeait pour ne pas l'appliquer. J'étais loin et cette distance m'était préjudiciable. J'avais un notaire à Rennes, mais ce n'était pas suffisant. Il est toujours délicat de se défendre par personne interposée.

Pierre en profitait et son attitude m'irritait. Je n'aime pas les histoires d'argent, mais j'entendais protéger mes intérêts. La position de Pierre au parlement de Bretagne ne m'impressionnait pas. Je voulais faire respecter mon droit et entrer en possession de tout mon héritage.

Je revins en France en juin 1947 et abandonnai sans regret ma retraite d'Egmond-Binnen. Je ne savais pas encore très bien ce que j'allais devenir, mais l'idée de m'installer du côté de Paris commençait à cheminer dans mon esprit. La parution prochaine, en français, de mes *Méditations métaphysiques* suscitait de l'intérêt et plusieurs savants écrivirent à Mersenne pour demander à me rencontrer. J'acceptai sans trop d'hésitation. J'étais naturellement flatté de l'écho dont bénéficiaient mes idées.

L'abbé Picot m'accueillit dans son nouveau logement situé rue Geoffroy-l'Asnier et me donna à lire sa traduction définitive de mes *Principes de la philosophie.* La parution du livre était imminente et je me dépêchai d'écrire une lettre-préface dans laquelle je souhaitais préciser l'intention de l'ouvrage.

J'indiquai notamment ce que j'entendais par « philosophie », à savoir la recherche des vrais principes qui se reconnaissent à leur évidence absolue. Ces principes, je les avais trouvés au terme d'un long processus de doute qui m'avait permis d'écarter ce qui était faux ou tout simplement vraisemblable. À partir de là, j'en avais tiré des notions claires et simples comme celles de Dieu ou de la nature de l'âme. Puis, ayant mis au jour les principes des choses matérielles, j'avais examiné les composés de l'univers et j'avais pu dire ce qu'il en était de notre terre et parler des éléments tels que l'air, l'eau, le feu et certains minéraux.

Il restait encore beaucoup à faire pour expliquer la nature et j'en appelais, comme je l'avais déjà fait dans le *Discours de la méthode*, à des aides publiques qui permettraient de réaliser les expériences nécessaires pour mieux comprendre les plantes et les animaux, mais aussi tout ce qui chez l'homme continuait à nous échapper. Ces projets dépassaient les capacités d'un seul individu. Ils relevaient de la responsabilité des États dont l'action consiste notamment à favoriser le développement des connaissances. Par ce moyen en effet, nous nous distinguons des sauvages et des barbares car « chaque nation est d'autant plus civilisée et polie que les hommes y philosophent mieux ».

Mersenne partageait mon point de vue et je l'incitai à faire lire cette lettre-préface sans attendre la publication de mes *Principes*. J'espérais retenir l'attention des autorités, même si la situation politique était chaque jour plus difficile. Les troubles qui agitaient le pays n'étaient guère favorables au lancement d'un programme ambitieux. Les priorités étaient ailleurs. Une crise couvait et le gouvernement de Mazarin était contesté de plus en plus ouvertement. Je trouvais des placards affichés un peu partout dans Paris. Des libelles circulaient.

À la fin du mois de juillet, je partis pour la Bretagne en compagnie de Picot. Nous passâmes par le Poitou et la

Touraine où j'eus le plaisir de faire de nouvelles connaissances et de constater que mes ouvrages étaient connus et bien souvent appréciés. L'accueil qu'on me fit me réconforta après les derniers mois passés à Egmond-Binnen. Je reprenais espoir et trouvais subitement beaucoup de charme à la province française.

Mes rencontres avec mon frère Pierre furent en revanche difficiles. Nous n'étions d'accord sur rien et je vis qu'il était d'une parfaite mauvaise foi. Il refusait de régler certains fermages et contestait à nouveau la répartition des biens de notre père. Il cherchait à me spolier et mon notaire hésitait à s'opposer à lui. Picot partageait mes soupçons, mais me conseilla de transiger plutôt que d'intenter une procédure. Je finis par me ranger à son avis et nous négociâmes trois jours durant. Finalement, un nouveau texte fut signé, mais j'en éprouvai une forte amertume et un sentiment d'hostilité à l'égard de mon frère. J'espérais ne plus jamais avoir affaire à lui. Derrière sa façade respectable de parlementaire, il cachait une grande mesquinerie et un penchant immodéré pour l'argent.

De retour à Paris, j'appris avec une immense tristesse la disparition de Claude Mydorge. Je perdais avec lui un ami fidèle et un soutien actif auprès de la communauté des savants. Il allait me manquer. Il avait toujours fait face avec beaucoup d'autorité aux polémiques suscitées par mes ouvrages.

Je trouvai également Mersenne très affaibli par la maladie. Il avait subi plusieurs saignées dont la dernière s'était transformée en hémorragie. Le chirurgien chargé de l'affaire avait sectionné une artère et il avait failli être emporté en quelques minutes. Mersenne avait été sauvé, mais sa santé déclinait. Les frères minimes se préparaient à son décès. Je le visitais souvent et me rendais compte de son extrême fatigue. Nos échanges étaient courts. Il avait du mal à s'exprimer et me regardait d'un air las pour m'indiquer qu'il renonçait à lutter.

Ces quelques semaines furent donc éprouvantes. La seule bonne nouvelle consista en l'accord donné par le roi à ma demande de pension. Cette annonce m'honorait et j'étais soulagé d'apprendre que mes difficultés financières allaient trouver remède. Ce n'était pourtant pas suffisant pour me retenir à Paris.

Mon séjour en Bretagne, la mort de Mydorge, la disparition prévisible de Mersenne étaient autant d'événements qui m'incitaient à retourner dans ma maison d'Egmond-Binnen. Là-bas au moins, je pouvais profiter de ma solitude et me consacrer à mes travaux de botanique et d'anatomie. Je me sentais vieillir et, comme chaque fois que la vie devenait difficile, je cédais à la tentation de partir, imaginant trouver dans la fuite un semblant de repos.

Cette tentation fut renforcée par ma rencontre avec Pascal et le débat sur le vide sur lequel nous achoppions. À cette occasion, en effet, je pris conscience du malentendu grandissant qui m'opposait à la communauté des savants. Je risquais à nouveau d'être très isolé. Certains de mes proches commençaient d'ailleurs à mettre en doute mes principes de physique. Je ne l'ignorais pas et je voyais qu'ils me reprochaient à mots couverts de défendre des théories erronées. J'essayais de répondre avec patience. J'expliquais à chaque fois que l'espace était nécessairement longueur, largeur et profondeur et qu'il ne pouvait donc être conçu sans matière. Le vide n'existait pas. C'était pour moi une évidence, mais je devinais chez mes interlocuteurs un scepticisme grandissant.

Je ne connaissais pas Pascal, mais j'avais lu plusieurs de ses traités et notamment son *Essai sur les coniques.* Je savais qu'il avait mené une vie mondaine et qu'à la suite d'un accident de voiture il avait déserté les salons parisiens et s'était rapproché de Port-Royal. Son carrosse avait manqué de se renverser et cette expérience lui avait fait très peur. Il était passé tout près de mourir et s'était depuis tourné vers Dieu. On le disait intransigeant et totalement dévoué à la cause des jansénistes. Cela contribuait à me le rendre peu sympathique. Je me méfie toujours de ces hommes de religion dont les sentiments exaltés prennent le pas sur la raison. L'intolérance m'effraie car c'est au nom des vérités d'Église que les pires exactions sont commises.

C'est Habert de Montmort qui avait organisé notre rencontre. Celle-ci se déroula dans l'appartement de Pascal situé rue Brisemiche. J'arrivai dans l'après-midi et m'aperçus que j'étais attendu par plusieurs savants parmi lesquels se trouvait Roberval. Nous ne nous étions plus croisés depuis longtemps, mais je n'ignorais rien de ses intrigues menées contre moi. Il continuait à me détester. Il avait l'âme d'un procureur et répandait dans Paris l'idée selon laquelle mes écrits remettaient en cause les dogmes de la foi catholique.

Pascal était malade. Il avait peine à se tenir assis dans son fauteuil et toussait beaucoup. Il m'accueillit avec courtoisie et fit beaucoup d'efforts pour m'être agréable. Je lui rendis la politesse et nous parlâmes de ses travaux sur le calcul infinitésimal et les nombres entiers. Puis il évoqua ses expériences à Clermont-Ferrand et à Rouen afin de vérifier les hypothèses émises par Torricelli. Il avait maintenant le projet de retourner au Puy-de-Dôme et de montrer la différence de pression atmosphérique qui existait entre la ville et le sommet de la montagne.

Roberval prit ensuite la parole et se proposa de l'accompagner jusqu'à Clermont-Ferrand. Il avait de la famille installée dans la région et se faisait fort d'organiser le déplacement. Pascal n'aurait à s'occuper de rien. Il trouverait sur place l'aide nécessaire à ses travaux et le soutien d'une petite communauté de savants. Roberval ajouta que personne ne mettait en doute l'existence du vide et que les expériences menées ne seraient que des confirmations attendues. Les autres approuvèrent et se tournèrent vers moi. Ils attendaient ma réaction.

Je regardai Roberval et haussai les épaules. Puis j'indiquai ne pas partager le point de vue exprimé. Le vide censé se trouver dans le tube barométrique n'était qu'une illusion. C'était en fait de la « matière subtile » dont la consistance particulière lui permettait de traverser le verre. Son extrême légèreté la rendait invisible à nos yeux, mais elle existait bel et bien et sa présence expliquait pourquoi le vide n'était pas. Roberval répondit que l'expérience démentait mes propos et qu'il était temps pour moi de reconnaître mes erreurs. Il avait élevé la voix et je vis que ses joues tremblaient de colère.

Un brouhaha envahit la pièce et j'allais répliquer quand Pascal fut pris d'une longue quinte de toux. Nous lui donnâmes un verre d'eau, mais il n'eut pas la force de le boire jusqu'au bout. Il était temps pour nous de nous retirer. Nous le saluâmes chacun à notre tour, mais, au moment où je me penchais, il me demanda de venir le voir le lendemain matin. « Nous serons seuls, dit-il, et j'ai des choses à vous dire. »

Je passai une mauvaise nuit à me retourner dans mon lit. Torricelli n'avait jamais clairement affirmé l'existence du vide, mais Mersenne m'avait donné les raisons de sa réserve. Elle était due à la peur de l'Église. Les jésuites considéraient en effet que le vide était contraire à l'enseignement des écritures. D'autres théologiens contestaient cette interprétation, mais le débat n'était pas clos. J'en avais parlé un jour avec Mersenne.

« Et vous ? avais-je demandé. Quelle est votre position ?

– Je pense que le sujet ne relève pas de la compétence de Rome. La foi ne dit rien sur la nature de l'étendue. Elle doit laisser place à la science dont la vocation est de comprendre le monde. Depuis Torricelli, les savants ont répété de nombreuses expériences et les conclusions vont toutes dans le même sens.

– Vous y croyez donc vous-même ? »

Mersenne s'arrangea pour ne pas répondre, mais je devinai qu'il ne partageait pas mes assurances. Un silence embarrassé s'installa entre nous. Cette question était pourtant décisive et j'étais décidé à n'accepter aucune concession. La vérité de mon système en dépendait car l'existence du vide remettait en cause les principes de ma philosophie.

Je finis par m'endormir d'un sommeil inquiet et rêvai de Francine allongée sur son lit d'enfant. Je m'approchais d'elle lentement pour l'embrasser, mais tandis que je me penchais, elle disparaissait sous mes yeux et je n'avais plus pour me consoler qu'une pauvre robe d'enfant encore froissée d'avoir été portée. Sa mère se tenait dans l'encadrement de la porte et elle me regardait avec tristesse.

C'est vers onze heures du matin que je retournai rue Brisemiche. Pascal était toujours aussi faible et il me dit qu'il partait le jour même pour Rouen. Je lui déconseillai un tel voyage dont la fatigue risquait d'aggraver son état de santé, mais il ne voulut rien entendre. Il ajouta dans un souffle que ses douleurs étaient peu de chose comparées à celles endurées par le Christ. Je n'insistai pas. Il m'interrogea ensuite sur ma vie en Hollande et me demanda quels étaient mes projets. Je lui dis que je continuais à m'intéresser aux plantes et aux animaux et que j'envisageais aussi de reprendre un traité des passions écrit pour la princesse Élisabeth.

Pascal sourit et m'exhorta à ne pas perdre de temps. Il m'avoua prendre des notes pour un ouvrage apologétique et m'encouragea à me préoccuper d'abord du salut de mon âme. Je répondis que je n'avais rien à craindre et que Dieu me savait bon chrétien. « La question n'est pas là, répliqua Pascal. Je ne vous accuse pas d'athéisme comme certains, mais votre système reste pervers. Il détourne des Saintes Écritures. Une fois posé, votre Dieu ne sert à rien. Il ne parle pas au cœur des hommes. Il n'est qu'un principe dont seule la raison a besoin.

– J'ai démontré l'existence de Dieu et cela me suffit. Les athées, s'ils sont de bonne foi, se rendront à mes arguments.

– Vous avez tort, dit Pascal. Notre sort se joue tout autrement. Nous avons trahi la confiance de Dieu et devons rendre compte de cette faute. Vos démonstrations sont inutiles. Vous feriez mieux de vous mettre à genoux et de faire pénitence.

– Votre Dieu me fait peur, répondis-je. Votre religion est sans amour et sans pardon. Elle ne se nourrit que de nos péchés. Vous ne pouvez empêcher les gens de vivre et d'essayer d'être heureux. Cette terre n'est pas une vallée de larmes. Je crois au progrès et à l'avenir de l'humanité.

– Allons, dit Pascal, je vous aurais prévenu. »

Il s'enfonça dans son fauteuil et fut secoué, comme la veille, d'une toux sèche et violente. Je lui conseillai de prendre une potion dont la recette m'avait été donnée par un médecin d'Amsterdam. « C'est inutile, jugea Pascal. La maladie ne m'effraie pas. Elle m'accompagne depuis le plus jeune âge. » Il leva la main jusqu'à ses yeux et la passa sur son visage. Son regard était fatigué et je me demandais comment il pouvait imaginer prendre la route pour Rouen.

« Votre Dieu est inutile », répéta-t-il.

J'hésitais à répondre, mais il m'encouragea d'un geste. Il s'était redressé dans son fauteuil et se préparait à un nouvel échange.

«J'ai au contraire rendu Dieu indispensable à la marche du monde. Vous m'avez peu lu ou mal compris. Dieu est à l'origine des choses et il soutient la création à chaque instant. Sans sa puissance, notre univers s'effondrerait. Il lui faut l'action de Dieu pour continuer à être. La création nous a tirés du néant, mais c'est une création continuée. Dieu ne se dérobe pas. Il nous accompagne depuis le temps de la genèse.

– Je connais votre théorie, mais elle ne change pas mon opinion. Votre Dieu s'intéresse au monde comme un savant s'intéresse à ses constructions. Vous avez réduit la nature à une grande machine universelle qui témoigne d'un génie créateur. Mais là n'est pas l'essentiel. Vous vous trompez de sujet. Ce n'est pas d'un Dieu architecte dont nous avons besoin, mais du Christ souffrant qui rachète nos péchés. Nous devons lutter contre les tentations et tout faire pour être digne de Notre-Seigneur Jésus.

– Et assurer ainsi le salut de notre âme ?

– Oui, si Dieu nous accorde sa grâce. Lui seul choisit ceux d'entre nous qui seront sauvés.

– Les autres seront-ils damnés quelle qu'ait été leur façon de vivre ?

– Dieu ne nous doit rien. Ne l'oubliez jamais. Nous devons payer pour notre péché originel. Le monde est mauvais. Il faut s'en détourner et regarder en direction de la Croix. Le diable est partout et cherche à nous séduire. Il faut apprendre à le combattre et à le repousser. Le reste appartient à Dieu. Nous ne sommes qu'une créature entre ses mains.

– Notre monde ne mérite pas tant de haine. Dieu n'a aucun compte à régler avec nous. L'homme a péché, mais il peut racheter ses fautes. Il sera tenu compte de nos actions au jugement dernier. C'est ce qu'enseigne notre religion. Dieu est bonté et miséricorde.

– Vous vous exprimez comme les jésuites qui s'accommodent facilement de notre siècle. Je connais leurs combines et leur façon bien particulière de jouir de l'existence. Et en plus ils espèrent mériter le salut éternel ! Tout ceci est ridicule. Leur pensée est comme une eau tiède. Ni trop froide, ni trop chaude. Ils veulent gagner sur tous les tableaux, mais ne se rendent pas compte que c'est impossible. Je préfère encore un libertin qui prend le risque d'être damné. Il faut choisir entre Dieu et le monde et rappeler à l'homme sa véritable nature. Les jésuites ont contaminé les esprits avec leurs petits arrangements. Le temps est venu de dénoncer tous ces mensonges.

– Ils m'ont aussi beaucoup attaqué et mes livres sont l'objet de leurs critiques.

– Ce n'est pas suffisant pour rendre votre philosophie acceptable. Quant aux jésuites, je n'aime ni leur théologie, ni leur politique.

– Je ne m'occupe ni de l'une ni de l'autre. J'ai seulement voulu donner des fondements solides à notre science et démontrer quelques vérités. Vous êtes un savant quand vous n'êtes pas sous le regard de Dieu. Vous pouvez comprendre ma démarche.

– Nous sommes toujours sous le regard de Dieu, mais j'avoue volontiers mes faiblesses. Oui, j'aime la science, mais je connais ses limites. La science ne porte sur aucune vérité essentielle. Elle ne dit rien du sens de la vie. Au bout du compte, il faut en revenir à Dieu et au salut de notre âme.

– Sur ces sujets aussi, j'ai apporté des certitudes.

– La vérité du cœur ne se démontre pas. Ne vous faites pas d'illusions. »

À nouveau, Pascal fut secoué d'une quinte de toux et nous restâmes un moment sans rien dire. Je mesurais combien nos points de vue étaient opposés. Cet homme m'inquiétait. Son corps malade habitait une âme d'inquisiteur.

« L'humanité a besoin d'espoir, ajoutai-je. Elle a besoin d'amour et de consolation. Je n'entends ni l'un ni l'autre dans vos paroles.

– Votre orgueil est démesuré, répondit Pascal. Vous croyez que l'homme seul peut gouverner sa vie. Nous sommes des êtres souffrants à qui la prière a été donnée. Tournons-nous vers le Christ avec humilité. Nous avons tant à nous faire pardonner.

– Ce n'est pas être orgueilleux que de se servir de sa raison. Nous avons beaucoup à découvrir si nous voulons comprendre notre monde.

– Votre réponse m'accable et je crains pour votre âme.

– Ne vous en inquiétez pas, dis-je. Sur ce point, je m'en remets à Dieu. »

Dehors, il pleuvait. Je marchais dans les rues de Paris et je pensais à Mersenne dont l'état continuait de s'aggraver. Il était chez lui et ne quittait plus le lit de sa chambre. J'aurais aimé pouvoir lui raconter mon entretien avec Pascal, mais il était trop faible pour m'écouter. Il somnolait la plupart du temps.

Mersenne allait mourir. Je me souvenais de notre rencontre comme si c'était hier et je regrettais de n'avoir pas mieux profité de notre amitié. Mes amis disparaissaient et le monde changeait autour de moi. J'étais fatigué de cette vie. La Seine charriait ses eaux sales. Les cloches de Notre-Dame sonnèrent et tout à coup le ciel me parut vide. Un immense chagrin m'habitait. Je songeai à la princesse Élisabeth et décidai de lui écrire longuement. Il n'y avait qu'elle qui comprenait les brûlures de mon âme.

Je revins à Egmond-Binnen en compagnie de Picot et passai une partie de l'hiver à travailler sur la formation et le développement des animaux. Je poursuivais des réflexions entamées depuis longtemps et qui avaient donné lieu à de nombreux commentaires dans ma correspondance.

Depuis le *Discours de la méthode*, j'étais convaincu que les animaux n'étaient que des automates un peu sophistiqués dont il serait bientôt possible de comprendre les mécanismes. Un jour ou l'autre, nous serions en mesure de construire des machines complexes dont les rouages rivaliseraient d'ingéniosité avec ceux des chauves-souris, des grenouilles ou des lapins. L'aile des oiseaux m'intéressait tout particulièrement. C'était un assemblage extrêmement fragile de peau et de cartilage dont les mouvements coordonnés permettaient de s'affranchir des résistances de l'air.

On me prendra peut-être pour un fou, mais je crois que dans un avenir proche nous saurons voler. Des machines nous emmèneront très haut vers le ciel et pourront nous déposer à l'autre bout de l'Europe. Pour réussir, il suffit d'imiter la nature. Elle nous montre le chemin. Il nous faut simplement découvrir les lois qui la gouvernent.

Je connais les critiques qui ont été adressées à ma théorie des « animaux-machines ». Elles furent nombreuses et provinrent parfois de savants très respectables. Parmi eux figurait Gassendi, qui affirmait que les animaux étaient dotés de sensibilité et possédaient même une sorte d'âme. Rien n'est plus faux, mais je comprends qu'on puisse se laisser abuser.

À Egmond-Binnen, j'ai eu, pendant plusieurs mois, un petit chien qui avait pris l'habitude de me suivre partout et qui restait sagement allongé à mes pieds quand je m'installais à ma table de travail. Il m'accompagnait dans mes promenades solitaires et souvent je m'amusais avec lui. Il me rapportait une petite balle de tissu que je lui lançais au loin.

Il n'était pas très haut et se faufilait facilement dans les taillis. Quand il avait trouvé la balle, il commençait par aboyer puis il la prenait dans sa gueule et la déposait à mes pieds. Je le félicitais et lui caressais la tête. Alors, il tournait ses yeux vers moi et l'on avait l'illusion qu'il exprimait des sentiments. C'est une erreur communément répandue. Elle trouve sa source dans une confusion tenace entre ce qu'est un automate animé et la nature même de la pensée. Un animal ne se distingue guère d'une montre ou d'une marionnette. Il n'a pas d'âme et c'est pour ça que sa nature est radicalement différente de la nôtre.

Je dois reconnaître pourtant que je m'étais attaché à ce chien et qu'il m'arrivait de lui parler comme l'on parle à un enfant. Et puis, si je rentrais tard d'un déplacement, j'étais heureux d'être accueilli par ses jappements plutôt que par le tic-tac régulier des horloges. Il était de bonne compagnie et sa mort me causa du chagrin. J'ai un peu honte de cet aveu, mais il est conforme à la vérité.

Le 9 novembre 1647, je reçus une lettre de la reine Christine qui souhaitait avoir mon avis sur des questions de philosophie. Chanut lui avait donné mes coordonnées. Je pris la peine de lui adresser une longue réponse, espérant en obtenir un certain bénéfice. Je n'imaginais pas être invité à Stockholm, mais j'attendais toujours ma pension royale. J'avais du mal à maintenir mon train de vie. Je ne dépensais pas beaucoup d'argent, mais les fluctuations de la livre me jouaient de mauvais tours. La reine était généreuse. Elle appréciait ma philosophie. Une aide de sa part m'aurait permis de régler mes problèmes domestiques.

Mersenne s'était provisoirement remis de ses saignées et me suggérait de revenir en France. Picot faisait de même. Il était rentré à Paris et me vantait les mérites de la capitale. Il était prêt comme d'habitude à m'accueillir et il m'assura que les esprits m'étaient très favorables. Son invitation me tentait. Rien ne me retenait à Egmond-Binnen et les fatigues de l'âge m'incitaient à retourner dans mon pays natal.

Le 30 janvier 1648 fut signée la paix de Münster. Elle consacrait l'indépendance des Provinces-Unies par rapport à la couronne espagnole. Pour fêter l'événement, de grandes réjouissances furent organisées dans le pays. Je passai ainsi plusieurs jours à Amsterdam où je retrouvai quelques-uns de mes amis. Ils étaient heureux et partageaient tous le même sentiment de fierté à l'égard de leur jeune nation. C'est peut-être à cette occasion que je pris conscience que ce pays n'était pas le mien. En dépit de tout, j'étais ici comme un étranger.

Cette impression de déracinement était nouvelle pour moi. C'était une question que je ne m'étais jamais posée, mais qui occupait maintenant mon esprit au point de gâcher cette célébration de paix à laquelle j'étais convié.

J'avais volontairement choisi de m'exiler et de vivre loin de mon pays. Je ne possédais pas grand-chose et, tout au long de ces années, j'avais changé de résidence et j'étais allé d'une région à une autre au gré des nécessités ou de ma fantaisie. J'avais vécu dans les Provinces-Unies sans jamais réussir à me fixer vraiment. Je n'avais ni maison, ni meubles. Mes quelques souvenirs tenaient dans une seule malle qui me suivait dans mes déménagements. Mon âme inquiète s'était satisfaite de cette façon d'être. Je n'avais guère d'attaches et bien souvent je m'étais installé dans un endroit uniquement parce que je n'y connaissais personne et que j'échappais ainsi aux contraintes des règles sociales. J'avais aimé mon mode de vie, mais tout à coup, au cœur même de cette ville d'Amsterdam, je me sentais perdu dans la foule.

Les feux d'artifice éclataient et j'entendais rire autour de moi. Dans les tavernes, les gens buvaient et parlaient fort. Des groupes dansaient dans les rues au son des orchestres et je voyais tout un peuple qui participait joyeusement à des festivités dont j'étais exclu. J'avais envie de retrouver ma langue maternelle et sans doute de mourir dans le pays qui m'avait vu naître.

Je retournai à Egmond-Binnen en proie à de fortes émotions. Les semaines suivantes, j'eus beaucoup de mal à me concentrer sur mes travaux. Je finis par écrire à Picot pour lui annoncer que j'envisageais un déplacement sur Paris. Je lui demandais aussi de me trouver un logement car je ne voulais pas demeurer chez lui. J'ignorais en effet combien de temps j'allais rester.

Je mis de l'ordre dans mes affaires et, sans dire clairement que mon départ était définitif, je donnai congé à mes domestiques et les laissai libres de chercher un autre emploi. Je fournis d'ailleurs à chacun d'eux une lettre de recommandation et confiai la surveillance de ma maison à un couple de paysans avec qui j'avais lié des liens de bon voisinage. Je ne sais pourquoi, je me refusai au dernier moment à donner congé à mon propriétaire, comme si une sorte de mauvais pressentiment m'en empêchait. Je devais très vite m'en féliciter car mon séjour en France ne se passa pas comme je l'avais imaginé.

Je trouvai Paris plongé dans une agitation politique qui me fit craindre le pire dès mon arrivée. Habert de Montmort me confirma que les mouvements de contestation se multipliaient. Les Français rejetaient la politique de Mazarin. C'était surtout la question des impôts qui faisait débat. Chaque jour, il s'en créait de nouveaux et la colère montait dans le royaume. J'avais déjà été frappé, lors de mon précédent séjour, par les nombreuses critiques entendues, mais, cette fois-ci, les autorités avaient à faire face à des jacqueries plus ou moins spontanées qui créaient un climat de violence particulièrement menaçant.

En province, les manifestations avaient été durement réprimées, mais l'opposition gagnait Paris. Les parlementaires s'étaient saisis de l'affaire. Ils voulaient limiter le pouvoir royal. Une charte avait été rédigée en ce sens et avait été soumise à la signature d'Anne d'Autriche. Mes amis étaient inquiets et redoutaient des émeutes. Je partageais leurs soucis. Plusieurs fois dans la nuit, j'avais entendu des bruits de bagarres qui opposaient des Parisiens à la garde royale. Il fallait prendre des précautions. Je rentrai avant la nuit tombée et m'assurai que mon logement était bien verrouillé. Dans les rues, de petits groupes d'hommes se déplaçaient, prêts à commettre divers larcins. La police hésitait à intervenir. L'insécurité s'aggravait et de nombreux marchands dormaient dans leur boutique afin de protéger leurs biens.

Dans ce contexte, mon dossier de pension était devenu secondaire et, en dépit de mes relances, il me fut impossible d'obtenir la moindre réponse des autorités concernées. Mersenne et Picot m'incitaient à poursuivre mes démarches, mais je devinais que cela prendrait beaucoup de temps. Cette situation affectait mon moral et je me mis à cauchemarder presque chaque nuit tandis que du dehors venaient des cris d'hommes et de femmes qui se mêlaient au bruit des chevaux. Le matin, on trouvait des cadavres que les rats avaient commencé de dévorer.

J'avais peur et, pour ne pas rester inactif, je répondis à certaines sollicitations. Je travaillai en particulier sur un projet d'école que souhaitait financer d'Alibert. Il était à l'époque trésorier général de France et imaginait ouvrir un établissement de type nouveau dans lequel chacun pourrait suivre librement des cours dispensés par des professeurs émérites. Son idée était de favoriser la formation des ouvriers et artisans dont les connaissances théoriques étaient souvent insuffisantes.

Je rédigeai un mémoire de plusieurs pages à destination de d'Alibert et proposai de le rencontrer à sa convenance. Malheureusement, les troubles politiques ne permirent pas la réalisation du projet. Mon étude resta au fond d'un tiroir. Je l'ai regretté car la France méritait un système innovant en matière d'enseignement.

Je continuais également à participer à des réunions organisées par Picot et à fréquenter certains salons quand ma présence était sollicitée. J'aurais dû trouver dans ces invitations matière à me réjouir, mais j'avais trop souvent l'impression d'être regardé comme une bête curieuse et non comme un philosophe qui avait consacré sa vie à la recherche de la vérité. Je me souviens d'avoir écrit à l'un de mes correspondants que je me faisais l'effet d'être « comme un éléphant ou une panthère » dont l'intérêt tient à la rareté et non à l'utilité proprement dite.

Un soir que j'étais caché derrière un paravent, j'entendis deux jeunes savants parler de ma physique. Ils jugeaient mes travaux comme j'avais jugé ceux d'Aristote. À leurs yeux mon modèle était dépassé. L'un des deux évoquait de nouvelles expériences réalisées par Pascal et affirmait que grâce à elles l'existence du vide ne prêtait plus à discussion. L'autre répondit que les jésuites en étaient eux-mêmes convaincus et qu'il ne restait que quelques-uns de mes adeptes pour défendre la théorie de la matière subtile.

J'enrageais derrière mon paravent, mais je me surpris à ne pas réagir. Le poids des ans pesait sur mes épaules et je n'étais plus aussi combatif. Les deux savants finirent par s'écarter et j'en profitai pour quitter le salon sans mot dire. J'étais accablé. Une douleur profonde m'étreignait et je sentais mes yeux se mouiller de larmes. Mes mains tremblaient. Je les regardai et je vis mes doigts déformés par les rhumatismes. Des taches de vieillesse se multipliaient sur ma peau.

À la fin du mois de juillet, l'état de santé de Mersenne se dégrada brutalement et il dut s'aliter à la demande des médecins. Sa chambre était austère. Ses murs étaient blancs et nus, à l'exception d'un grand crucifix. Je passais le voir presque chaque jour et l'écoutais me parler de sa mort prochaine. Il ne se faisait aucune illusion sur une possible guérison. Il ne souffrait pas trop et c'est tout ce qu'il demandait. Il était calme et serein et attendait avec humilité d'être rappelé par Dieu. J'enviais cette tranquillité. Il me dit s'être confessé et n'avoir rien à craindre du Jugement dernier. Sa foi était sincère et profonde. Il priait dès qu'il était seul. Son chapelet était enroulé autour du poignet. Il quittait la vie sans regret, estimant avoir accompli sa mission.

Picot, qui souvent m'accompagnait, lui donnait des nouvelles de ses nombreux correspondants. Il lui parlait de son académie et des questions débattues dans les salons. Mersenne avait toujours été un peu mondain et il se vantait parfois de ses relations. C'était l'une de ses rares faiblesses. Je ne lui en faisais d'ailleurs pas reproche car cela m'avait été bien utile quand il s'était agi d'organiser la défense de mes ouvrages.

Mersenne gardait les yeux mi-clos et je me demandais parfois s'il écoutait vraiment ce que Picot racontait. Des sœurs s'occupaient de lui. Il s'alimentait de moins en moins et se contentait généralement d'un bouillon avalé à petites gorgées. «Je n'ai plus la force de rien», me dit-il un jour. Il avait les joues maigres et son teint prenait un tour cireux. Les sœurs brûlaient de l'encens pour cacher les odeurs qui émanaient de son lit. Son corps s'abandonnait et j'en avais un peu honte pour lui.

Au début du mois d'août, j'appris la mort de mon parrain René Brochart des Fontaines. C'est mon frère qui m'en avertit. Il me proposait dans la même lettre de me représenter à la succession. Je refusai, naturellement. Je n'avais depuis longtemps aucune confiance en lui et chargeai Picot de trouver un notaire digne de foi. Très vite cependant, je compris que l'héritage était réduit à rien.

Mon parrain avait fait don de sa fortune à sa seconde femme et aux enfants de celle-ci. Je n'étais que son filleul et il n'avait pas jugé nécessaire de me compter au nombre de ses héritiers. J'en éprouvai un fort dépit. Nos relations étaient régulières et j'avais gardé le souvenir de mes années d'études durant lesquelles nous avions très souvent échangé. Il avait été touché que je lui dédicace ma thèse. Plus tard, je n'avais pas manqué de lui adresser chacun de mes ouvrages et de toujours répondre aux lettres qu'il m'adressait. Son héritage m'aurait aidé. Je ne suis pas sûr que les enfants de sa femme en aient eu autant besoin que moi.

Pendant ce temps, dans Paris, les tensions politiques tournaient aux affrontements de rue. À plusieurs reprises, j'avais dû faire tours et détours pour échapper aux escarmouches. Tout le monde prenait des précautions et je commençais pour ma part à préparer mon retour en Hollande. Je n'avais aucune envie de me retrouver au milieu d'une guerre civile.

Le pays était par ailleurs sous la menace des Espagnols, mais, comme je l'ai indiqué, la victoire de Condé à Rocroi avait permis de redresser la situation. C'est Picot qui m'annonça la nouvelle. Je m'en réjouis et je lui dis que le calme pouvait maintenant revenir dans le royaume.

Picot, qui connaissait mieux que moi les questions politiques, ne partageait pas cet optimisme. Il craignait que cette victoire ne soit mise à profit par Mazarin pour essayer de reprendre l'avantage. Il n'avait pas tort. Quelques jours plus tard, la reine donna l'ordre d'arrêter plusieurs opposants parmi lesquels figurait le conseiller Broussel. Aussitôt Paris s'enflamma. Les rues se couvrirent de barricades et une véritable insurrection s'organisa en quelques heures.

J'étais dehors à ce moment-là. Les insurgés s'étaient armés de tout ce qu'ils avaient trouvé et ils étaient bien décidés à occuper les rues de la capitale. Les soldats étaient dépassés, d'autant qu'ils recevaient des ordres contradictoires. Certains d'entre eux passèrent d'ailleurs du côté des manifestants et je vis plusieurs scènes où les deux partis fraternisèrent.

Je courus tout d'abord pour rentrer chez moi, mais me trouvai encerclé par les barricades. Les rues étaient bloquées. Je voyais au loin des soldats se regrouper et compris que des charges se préparaient. Je me réfugiai alors derrière une porte cochère et attendis pendant plusieurs heures. Mon cœur battait vite. J'avais à mes côtés une épée, mais cette arme n'aurait servi à rien si j'avais été découvert. Je n'étais d'aucun parti, ce qui me mettait dans une situation difficile. Chacun des belligérants pouvait me considérer comme son adversaire. Je n'étais pas à l'abri d'un mauvais coup et je crus que ma vie allait se finir là, au milieu des tourments politiques.

À la nuit tombée, un calme précaire sembla s'installer. J'en profitai pour sortir de ma cache et retourner à mon logis. Mon carrosse était dans la cour. Je fis avertir mon cocher et, sans plus attendre, décidai de quitter Paris. Un de mes domestiques me conseilla de patienter car il avait entendu dire qu'un accord était possible entre Mazarin et les contestataires. Je ne voulus pas en entendre davantage. La peur me poussait à fuir. Je réunis mes affaires dans une petite malle et partis en direction du nord. J'avais dans l'idée d'embarquer à Boulogne, où de nombreux bateaux faisaient route vers Amsterdam. J'éprouvais un immense soulagement à laisser derrière moi les portes de la capitale.

On connaît la suite de l'histoire. Broussel fut libéré à la fin août et les émeutiers fêtèrent l'événement comme une victoire politique. La cour quitta Paris pour se réfugier à Rueil et Anne d'Autriche accepta de signer le document préparé par les parlementaires. Les prérogatives royales étaient rognées. Les contestataires avaient gagné. L'affaire cependant n'allait pas s'arrêter là. Les « grands » du royaume décidèrent à leur tour d'affronter Mazarin et la France connut encore des heures particulièrement sombres.

Je m'étais, pour ma part, réfugié à Egmond-Binnen. Mes cultures avaient été laissées à l'abandon et je passais une grande partie de mon temps dans mon potager. L'effort physique m'aidait à chasser mes pensées les plus noires. Le travail de la terre était un bon dérivatif. Je plantais de nouveaux légumes et arrosais chaque soir mes salades et mes tomates.

C'est dans ce jardin que j'appris la mort de Mersenne. Une lettre me fut portée de toute urgence. Je posai la bêche avec laquelle je grattais le sol et m'assis à l'ombre d'un arbre. Je pris connaissance du courrier et crus que j'allais suffoquer. Je demandai à un domestique de m'apporter à boire et restai là à ne penser à rien. Il faisait chaud. La tête me tournait et j'étais sûr de perdre l'équilibre si je tentais de me lever.

À Paris, j'avais promis à Mersenne d'être là pour ses derniers moments, mais, à l'instant de ma fuite, j'avais oublié cet engagement. Il était maintenant trop tard pour se racheter. La mort faisait son œuvre et rendait les choses irréversibles. Nous étions définitivement séparés et je n'avais plus que son souvenir pour m'accompagner.

Ce soir-là, je commençai une longue lettre à Picot. Je ne cachai rien de ma forfaiture et j'espérais que cet aveu m'apporterait un peu de réconfort. Je lui rappelai tout ce que je devais à Mersenne et les nombreux combats que nous avions menés ensemble. J'écrivis longtemps et, dans le silence de la nuit, je vécus à nouveau ces années de tumulte au cours desquelles nous avions bataillé pour défendre les idées du *Discours de la méthode* ou des *Méditations métaphysiques*.

Je m'endormis sur le tard et me rendis compte, le lendemain, que l'encre de ma plume s'était diluée sur le papier en de multiples endroits. Sans m'en rendre compte, j'avais pleuré et mes larmes avaient rendu illisible cette longue confession. Je déchirai ma lettre et m'agenouillai pour rendre grâce à Dieu. Cela faisait longtemps que je n'avais prié avec autant de ferveur. J'avais l'impression d'être redevenu enfant et intercédais pour l'âme de Mersenne avec la même confiance que celle que j'avais mise pour le salut de ma mère. Puis je me relevai et éprouvai un moment de gêne que je ne saurais définir.

Je m'habillai et retournai à ma table de travail. Je pris de quoi écrire et rédigeai un autre courrier à Picot. Je lui demandais de récupérer le plus vite possible les lettres échangées avec le père Mersenne. Je craignais en effet qu'elles ne tombent entre de mauvaises mains et que certains en fassent usage contre moi.

Picot, dans sa réponse, me rassura. Les minimes avaient précédé ma requête. Ils avaient brûlé un grand nombre de documents après la mort de Mersenne. Sur le coup, j'en fus surpris, mais je pense aujourd'hui que leur décision était la bonne. Ils avaient fait place nette et une partie de ma correspondance avait été détruite. Mersenne professait une foi irréprochable, mais il avait des curiosités que l'Église ne comprenait pas. Il était inutile de prendre des risques. Les archives peuvent être dangereuses et les minimes voulaient préserver l'image de leur congrégation.

Le 24 octobre 1648, la signature des traités de Westphalie mit fin à la guerre de Trente Ans. Ce long conflit avait ruiné une partie de l'Europe et aucune des grandes puissances n'en sortait vainqueur. Les batailles avaient été sanglantes et les peuples s'étaient affrontés au nom de leur roi et de leur religion. Les pays étaient dévastés et les populations décimées.

La guerre de Trente Ans avait opposé l'Espagne et le Saint Empire romain germanique aux États allemands de confession protestante alliés, pour l'occasion, aux Provinces-Unies, aux pays scandinaves et à la France catholique. Louis XIII et Richelieu avaient choisi le camp des réformés contre la puissance des Habsbourg. Les intérêts de l'Église romaine passaient après ceux de la France. Anne d'Autriche et Mazarin avaient poursuivi la même politique.

Les traités de Westphalie modifiait sensiblement les frontières de certains États européens. C'est ainsi qu'une partie du Palatinat fut rattachée à la Bavière et que Charles-Louis, héritier du trône, ne récupéra que le Bas-Palatinat. Quand j'appris ces nouvelles, j'écrivis à la princesse Élisabeth pour lui dire combien je pensais à elle. Le retour de la paix signifiait la condamnation par l'Histoire des rêves de son père. Frédéric V n'était plus là pour constater la tragédie, mais j'imaginais qu'Élisabeth souffrait de la situation.

Les traités de Westphalie était, en revanche, très favorable aux intérêts de la Suède. Gustave II, père de la reine Christine, était entré dans le conflit dès le début des années 1630. Il avait pris fait et cause pour les États allemands et signé avec la France un accord par lequel il s'engageait à intervenir contre les Habsbourg.

Gustave II avait mené la vie dure aux armées du Saint Empire romain germanique. Il les avait notamment battues à Breitenfeld et à Rain-am-Lech. Les troupes catholiques s'étaient vengées en mettant à sac plusieurs villes protestantes et en ravageant les contrées qu'elles traversaient. Les Suédois étaient à leurs trousses et étaient confrontés à une politique de terre brûlée. Ils avaient du mal à se ravitailler, mais ils étaient décidés à poursuivre l'offensive. Une nouvelle bataille se profilait. Elle allait être décisive.

L'affrontement avait eu lieu le 16 novembre 1632 à Lützen. Il opposa les troupes de Ferdinand II, commandées par Wallenstein, à celles de Gustave II, secondé par Bernard de Saxe-Weimar. Très vite, l'avantage tourna en faveur des Scandinaves et l'armée de Wallenstein fut défaite. Les Suédois l'emportaient. Malheureusement Gustave II fut mortellement blessé au cours d'une attaque. Les médecins opérèrent sur place. Ils tentèrent d'arrêter l'hémorragie et de réduire les fractures, mais le roi décéda sans avoir repris connaissance. Christine avait six ans. Son père l'avait désignée comme héritière du trône avant de partir à la guerre. La noblesse suédoise s'inclina devant les dernières volontés de son souverain et, en attendant la majorité de la reine, c'est le chancelier Axel Oxenstierna qui exerça le pouvoir.

Les traités de Westphalie consacrèrent donc la Suède comme la grande puissance scandinave. Elle était non seulement auréolée de la gloire de Gustave II, mais récupérait un grand nombre de possessions en Europe du Nord, parmi lesquelles figuraient la Poméranie occidentale, le Mecklembourg, les évêchés de Brême et Verden et les villes de Wismar et Stettin. La reine Christine se retrouvait à la tête d'un territoire élargi qui permettait à son pays de devenir un acteur important de la politique européenne.

Les remous de l'Histoire ont des répercussions sur nos vies et les péripéties extérieures jouent leur rôle dans chaque existence. Nous sommes pris dans le torrent des événements et je me demande jusqu'à quel point nous dirigeons nos vies. Le hasard prend souvent le pas sur notre volonté. Il décide pour nous et nous ballotte au gré des accidents de l'époque.

Les deux femmes qui ont le plus compté pour moi sont la princesse Élisabeth et la reine Christine. Elles ont déterminé mes choix et influencé ma pensée. Ma méthode ne leur doit rien, mais elles m'ont obligé à réfléchir à certains aspects de ma philosophie. Les questions qu'elles me posaient étaient toujours pertinentes et j'ai dû, pour leur répondre, approfondir des points de doctrine qui demandaient à être clarifiés.

Au moment des traités de Westphalie, l'une était en exil et souffrait de sa mélancolie. L'autre était reine de Suède et se trouvait entourée d'une cour brillante. C'était deux destins contraires. Une vie contrariée pour Élisabeth. Un règne qui s'annonçait glorieux pour Christine. L'ombre et la lumière. Mes sentiments allaient à la princesse, mais c'est finalement vers la reine que je me suis tourné et auprès de qui j'ai trouvé refuge. Elles étaient cousines, mais ne s'aimaient pas. Je peux témoigner de leur jalousie que j'ai moi-même attisée. C'est en effet pour elles deux que j'ai écrit *Les Passions de l'âme* et aujourd'hui il me faudrait pouvoir le dédicacer à chacune.

La première version de cet ouvrage avait été rédigée pour Élisabeth et la princesse l'avait lu avec beaucoup de curiosité. Elle avait été particulièrement intéressée par la description que je faisais des différentes passions.

Je me souviens d'une longue conversation sur les «passions primitives», que j'avais limitées à six, à savoir l'admiration, l'amour, la haine, le désir, la joie et la tristesse. Je disais que toutes les autres en étaient composées ou en étaient des espèces. Bien entendu, c'était de l'admiration dont Élisabeth m'avait entretenu car c'était encore une façon de parler de son père. Elle aimait l'idée selon laquelle j'en avais fait la première des passions.

J'avais ensuite entretenu une relation épistolaire avec la reine Christine et j'avais répondu à ses questions, dont certaines recoupaient mes réflexions sur les passions de l'âme. Tout naturellement, je lui avais transmis grâce à Chanut le petit traité écrit pour Élisabeth. J'avais joint à cet envoi six lettres adressées à la princesse et dont j'avais gardé copies. J'y abordais des sujets susceptibles de retenir l'attention de la reine et j'y donnais quelques conseils de lecture.

Chanut fit porter mes réponses au palais et j'avertis Élisabeth de l'utilisation de ces lettres. C'était une erreur. J'avais chagriné la princesse et mes relations s'en ressentirent. Elle considérait que cette correspondance lui appartenait et qu'elle était la preuve de notre complicité. Élisabeth eut le sentiment d'être trahie et peut-être n'avait-elle pas tout à fait tort. Quant à Christine, elle fut surprise de recevoir des lettres écrites pour une autre. C'était inhabituel. À l'évidence, j'avais manqué de discernement, mais je pensais bien faire et devancer ainsi les attentes de la reine.

À l'époque, Chanut ne m'en dit rien. Il accusa réception de mon envoi et me demanda des précisions complémentaires. Je passai donc mon dernier hiver à Egmond-Binnen à compléter ma première version des *Passions de l'âme.* Ce fut un travail laborieux et cela me conduisit à ajouter de nombreux développements. Je voulais être le plus exhaustif possible.

Je traitais en particulier de la générosité, qui est le meilleur remède contre les excès de la colère. La générosité permet de n'avoir que du « mépris ou tout au plus de l'indignation pour les injures dont les autres ont coutume de s'offenser ». Et je parlais d'expérience car, en matière d'injures, j'ai été largement pourvu tout au long de ma vie.

J'ai longtemps hésité avant d'accepter l'invitation de la reine Christine, comme si je devinais que ce voyage serait le dernier. Toute ma vie j'ai déménagé et cela ne m'a jamais posé problème. Cette instabilité est un des traits de mon caractère. Pourtant, cette fois-ci, je multipliai les raisons pour différer mon départ. Un mauvais pressentiment m'habitait. Je me sentais fatigué et de violentes aigreurs d'estomac m'obligeaient parfois à garder le lit. Les médecins m'avaient prescrit des remèdes, mais ils étaient inefficaces. Je pris l'habitude de me nourrir de soupes dans lesquelles je trempais du pain rassis. Plus rien ne me retenait à Egmond, mais je n'arrivais pas à me décider.

Au mois de janvier 1649, je reçus une lettre de la princesse Élisabeth qui m'annonçait que son oncle Charles Ier avait été décapité. Il s'était opposé à Cromwell au moment de sa prise de pouvoir et avait été condamné à mort après un semblant de procès. Ce nouveau coup du sort avait plongé la princesse dans une profonde tristesse. Elle était la proie de crises d'anxiété et avait de plus en plus de difficultés à se nourrir. Son corps refusait les aliments. La nuit, elle exigeait que quelqu'un reste auprès d'elle. Les lampes étaient allumées dans sa chambre. Elle ne s'endormait qu'au petit matin, quand l'aube pointait derrière les rideaux des fenêtres. La lumière du jour la rassurait. Elle m'écrivait de longues lettres dans lesquelles elle me parlait de son père. Je craignais pour sa raison. Sa santé mentale était fragile et elle risquait de sombrer dans une sorte de folie.

Pendant ce temps, la reine Christine continuait à m'interroger sur des sujets divers. Au début de l'année 1649, elle avait commencé à lire mes *Principes de la philosophie* et je lui avais fait parvenir quelques commentaires destinés à faciliter sa compréhension du texte. Elle m'avait également invité à venir la voir puis, considérant que je tardais à répondre, elle m'avait envoyé un émissaire qui était arrivé à Egmond-Binnen sans prévenir.

Il s'agissait de l'amiral Flemming, dont la mission était de me convaincre de l'intérêt porté par la société suédoise à mes idées. Il s'acquitta de sa tâche du mieux qu'il pût. C'était un vieux soldat un peu sec qui comprenait mal mes hésitations. Je crois qu'il imaginait vraiment que j'allais repartir avec lui. Il fut sincèrement déçu par mon refus et le vécut comme un échec personnel. Je lui remis cependant une lettre pour la reine Christine que je remerciais pour son invitation, à laquelle cependant je ne pouvais répondre favorablement car des travaux me retenaient en Hollande.

Je pensais être tranquille pour quelque temps, mais, un mois plus tard, Chanut fit lui-même le déplacement et me proposa de le retrouver à La Haye. Il était en route pour la France où il devait assister à une conférence des ambassadeurs.

Nous étions à la fin du mois de mai et l'air était particulièrement doux. Nous passâmes ensemble plusieurs jours tout au plaisir de nous voir et d'échanger nos souvenirs. Nous parlâmes de Mersenne, de Mydorge et de nos autres amis disparus. Je lui racontai les dernières attaques dont j'étais l'objet et la façon dont les universités se méfiaient toujours de mes idées. Puis Chanut me confirma l'impatience de la reine. Elle s'était plainte auprès de lui. Mon attitude était difficilement compréhensible pour un monarque qui avait l'habitude d'être obéi.

Je me réfugiai d'abord derrière de faux prétextes de travail et de santé et finis par avouer que seule une appréhension assez inexplicable m'empêchait de me décider. Chanut se fit convaincant. Il se proposa de m'héberger et m'assura que je disposerais d'une très grande liberté. Il évoqua aussi les avantages matériels dont j'allais bénéficier et me conseilla de partir rapidement pour éviter d'arriver au début de l'hiver. Je donnai mon accord de principe, mais demandai un dernier délai. D'un commun accord, nous fixâmes mon départ pour le début du mois de septembre.

Dans les jours qui suivirent, je fus dans l'incapacité de dormir normalement. Les cauchemars étaient nombreux. L'un d'entre eux revenait régulièrement. Je marchais au bord d'une falaise et j'entendais une voix me demandant de me retourner. Je connaissais cette voix sans parvenir à l'identifier. Je continuais d'avancer, mais la falaise se rétrécissait et j'étais entouré par le vide. Le vertige me faisait tourner la tête. J'entendais encore la voix, mais cette fois-ci les mots étaient incompréhensibles. Le vent soufflait autour de moi. Je fermais les yeux pour ne plus rien voir et basculais sur le côté. La chute n'en finissait pas. Je déployais mes bras comme pour voler, mais continuais de tomber. Le sol se rapprochait dangereusement. Puis je criais et mon cri me réveillait dans la nuit.

Avant de quitter Egmond-Binnen, je voulus mettre de l'ordre dans mes affaires. Je classai ma correspondance de ces dernières années et déposai ces lettres dans un coffre. J'en confiai la garde à mon ami Hoghelande. Je précisai que si je ne revenais pas de Stockholm, il aurait à décider avec Picot de l'usage à faire de ces échanges avec les savants du siècle. «J'espère bien vous revoir, me dit-il, vous avez encore beaucoup à nous apprendre. » Je ne répondis pas et me contentai de fermer le coffre. Puis je lui donnai les clés de la serrure. Je ne gardai par-devers moi que les lettres les plus intimes, et en particulier celles d'Élisabeth. Je voulais les emporter et pouvoir les relire chaque fois que l'envie m'en prendrait. La princesse était loin, mais elle conservait une place particulière dans mes pensées.

Je recensai ensuite mes manuscrits et décidai de les emmener avec moi. Il y avait là des écrits de jeunesse dont certains étaient à peine ébauchés. Je cédai à la tentation de les relire et notai la constance de mes préoccupations. Tout au long des années, ma pensée s'était enrichie et, grâce à ma méthode, j'étais arrivé à démontrer quelques vérités. J'avais approfondi ma réflexion, mais, très tôt, mes intuitions premières m'avaient permis d'aller à l'essentiel. J'étais heureux de ce constat.

Au mois de juin 1949, je demandai à la reine Christine le droit de publier mon traité des *Passions de l'âme* tel que je l'avais complété durant l'hiver précédent. Elle en avait été la destinataire et je ne voulais rien faire sans son accord. Celui-ci me parvint à la mi-août et je laissai le manuscrit entre les mains de Louis Elzevier.

Un imprimeur parisien avait également été sollicité afin que la parution de l'ouvrage puisse se faire dans le même temps en France et aux Provinces-Unies. Picot était chargé de me représenter à Paris. J'avais toute confiance en lui et je savais qu'il mènerait à bien cette mission.

Il ne me restait plus qu'à quitter Egmond-Binnen et à me diriger vers le nord. Cependant, j'acceptai de me faire peindre à la demande d'un de mes amis et retardai encore mon départ. C'est Franz Hals qui réalisa le portrait. Il m'imposa de nombreuses séances de pose qui me fatiguèrent beaucoup et qui occupèrent une bonne partie de mes journées. Je me soumis malgré tout à ces contraintes car je devinais que ce portrait serait l'image de moi que la postérité garderait.

Franz Hals travaillait lentement. Le tableau était de noir et de blanc. Un fond sombre sur lequel se détache mon visage tourné de trois quarts. J'aime cette peinture à l'huile et la sévérité de mon expression. Mes traits sont graves. La perruque descend sur les épaules. La mèche cache le front. Les sourcils sont marqués. Le nez est fort. La bouche s'interdit de sourire. Je regarde le peintre et l'on peut voir de la tristesse au fond des yeux. À quoi pensais-je tous ces jours-là ? Mon départ de Hollande m'inquiétait, même si je m'y résignais. Je revoyais ma vie et je devinais que j'allais bientôt mourir.

Finalement, je débarquai à Stockholm au début du mois d'octobre. Il faisait déjà froid et le temps tournait au gris dès le milieu de l'après-midi. La présentation à la reine eut lieu le lendemain et, à cette occasion, je rencontrai les ministres et hauts fonctionnaires qui composaient l'entourage de Christine de Suède. Je compris aussitôt que je n'étais pas le bienvenu. Ma présence dérangeait. J'étais perçu comme un intrus dans cette assemblée de courtisans. Chacun craignait de perdre ses privilèges. La jalousie se lisait dans les yeux. J'allais devoir me méfier de ces hommes aux visages sombres.

Quelques jours plus tard, je commençai mes entretiens avec la reine. J'appris ainsi à mieux la connaître. La proximité change nécessairement les relations. Christine est dotée d'une énergie débordante grâce à laquelle elle mène les affaires d'État et impose ses vues à la noblesse suédoise. Elle n'est pas belle et ne fait aucun effort pour corriger ses traits disgracieux. Son physique ne compte guère et elle s'habille le plus souvent en garçon sous prétexte de monter à cheval.

Il n'y a que ses yeux bleus qui retiennent l'attention. Un regard intelligent et vif qui se pose droit sur vous.

La reine n'a pas de temps à perdre. Elle jauge ses interlocuteurs et demande des réponses rapides et précises. Tout chez elle obéit à un rythme rapide. Sa vie sentimentale elle-même laisse peu de place à la distraction. On lui a prêté une attirance pour les femmes, mais Chanut m'a affirmé que la rumeur était fausse. On lui connaît d'ailleurs plusieurs aventures, dont la plus sérieuse a concerné son cousin Charles-Gustave. Mais la reine a déclaré très officiellement qu'elle ne se marierait pas. Elle n'a pas donné d'explication à sa décision et je crois tout simplement qu'elle veut préserver sa liberté. Il y aura donc un jour un problème de succession. À moins que la reine ne change d'idée et accepte de se marier pour assurer la continuité dynastique. Ce n'est pas une hypothèse absurde car Christine a le sens de l'État et la passion de la politique. Elle aime aussi les arts et la philosophie. C'est pour cette raison qu'elle m'a fait venir ici, au milieu d'autres savants.

La reine affiche une grande détermination, mais, en arrivant à Stockholm, je l'ai trouvée en proie à un certain désarroi. J'ai mieux compris les questions qu'elle me posait sur la morale et le sens de la vie. Elle s'interroge beaucoup sur la religion et elle est très critique à l'égard de ce luthérianisme un peu austère dans lequel elle a été élevée. Elle attend de moi que je la guide sur le plan religieux et cela a créé dès le début un malentendu entre nous.

Je n'ai rien à dire sur la religion si ce n'est que je respecte celle dans laquelle Dieu m'a fait naître. Toute ma vie, j'ai distingué entre mes préoccupations métaphysiques et le contenu de la révélation. La philosophie s'intéresse à ce qui peut faire l'objet de démonstrations rigoureuses. C'est le cas de l'existence de Dieu ou de la nature de l'âme et du corps. Le mystère de la Trinité ou celui de l'incarnation sont d'un autre ordre. Ces questions relèvent de la foi et restent inaccessibles aux efforts de la raison.

J'ai déçu la reine Christine en refusant de m'aventurer sur le terrain des débats théologiques. Elle aurait souhaité aborder les mérites comparés du catholicisme et du protestantisme et me faire prendre parti sur la doctrine de la grâce ou sur celle de la prédestination des âmes. Elle m'a interrogé à plusieurs reprises, mais je me suis dérobé. J'ai mis la raison au service de la vérité et je crois en la puissance de la volonté humaine. Il ne faut pas m'en demander plus. J'ai laissé une large place à la foi et en ce domaine je n'ai aucun conseil à donner.

La raison nous aide par ailleurs à bien gouverner notre vie. Nous sommes capables d'agir droitement. Mon traité des *Passions de l'âme* permet de comprendre ce qui nous agite et nous en assure la maîtrise. Les passions ne sont pas un péché comme le croient trop souvent les gens d'Église. Elles ne sont pas non plus un risque ou un péril auquel il faudrait apprendre à résister. C'est la position des stoïciens qui nous enseigne que le sage doit se débarrasser de tout élan et de toute tentation. La reine Christine, qui a beaucoup lu Épictète, Sénèque et Marc-Aurèle, a été influencée par cette pensée forte et rigoureuse, mais qui ne correspond pas à la nature humaine.

Les passions sont des mouvements naturels qui traduisent l'action du corps sur l'âme. En tant que telles, elles ne sont ni bonnes, ni mauvaises. C'est l'usage qu'on en fait qui en détermine la qualité. Il convient donc d'en décrire le mécanisme afin d'apprendre à les utiliser. Les passions ne demandent qu'à se mettre au service de notre raison et de notre volonté. Il faudra que j'insiste sur ce point auprès de la reine. Je vais le noter pour notre prochain rendez-vous. J'ignore quand celui-ci aura lieu car rien n'est établi à l'avance.

Il est difficile de travailler avec Christine de Suède. Depuis que je suis arrivé, il m'est arrivé de rester plusieurs semaines sans avoir de ses nouvelles. Puis, tout à coup, elle réapparaît et je dois me tenir à sa disposition. Je suis traité comme n'importe lequel de ses courtisans. Ce n'est pas ce qui était prévu. Je m'en suis ouvert à Chanut, mais il m'a conseillé d'être patient. Ce n'est pas la réponse que j'attendais. Si je n'étais pas aussi fatigué, je prendrais dès maintenant mes dispositions pour rentrer en Hollande.

Chanut non plus n'est guère disponible. Les affaires diplomatiques l'occupent beaucoup et il a dû effectuer de nombreux déplacements. Sa santé s'en ressent. Il s'est arrêté de travailler durant une dizaine de jours car il avait attrapé une vilaine maladie. Les médecins ont eu du mal à le soigner. Il tousse encore et son épouse s'en inquiète.

Les absences de la reine me laissent dans l'ennui le plus profond. Je n'ai pas grand-chose à faire dans cette ville de Stockholm. Je reste donc dans ma chambre à mettre à jour ma correspondance et à lire des ouvrages que me prête le bibliothécaire du château. Je m'entends bien avec lui et c'est heureux. Il est remarquablement cultivé et c'est une des rares personnes avec qui il m'est possible de discuter.

Je travaille aussi à la rédaction d'un dialogue que j'ai intitulé *La Recherche de la vérité par la lumière naturelle.* J'ai dans l'idée de dédicacer cet ouvrage à la reine Christine et de me faire ainsi pardonner mon traité des *Passions* d'abord écrit pour sa cousine Élisabeth.

Je ne suis pas sûr pourtant d'aller au bout de cet écrit. Je suis moi aussi tombé malade. Depuis hier la fièvre me fait transpirer et tourner la tête. Mon valet, Henri Schlüter, veille sur moi et je devine qu'il se pose des questions. Cela trouble ma tranquillité. Je l'ai surpris l'autre jour à goûter un plat qui m'avait été cuisiné. Je l'ai interrogé et il m'a avoué qu'il craignait une tentative d'empoisonnement. J'ai ri et je lui ai dit que c'était me donner beaucoup d'importance que d'imaginer de tels complots. Il m'a répondu que les gens ne m'aimaient pas et qu'il convenait d'être prudent.

La semaine dernière, Schlüter a parlé avec M. Ryer, le médecin personnel de la reine. Il était en service commandé. La rumeur de ma maladie avait gagné le palais. Je me suis laissé ausculter. Puis je lui ai montré mes urines. Elles étaient foncées, mais le médecin n'avait pas d'explication. Il s'est contenté de dire que ça n'avait aucun lien avec mes accès de fièvre. Schlüter y a vu la preuve qu'il se passait autre chose. Ses soupçons se portent sur les jésuites et sur l'entourage de la reine. J'ai essayé de le raisonner, mais je me suis rendu compte que c'était inutile.

Cette nuit, j'ai été agité de tremblements nerveux et je crois avoir perdu connaissance durant quelques minutes. Heureusement Schlüter était là. Il a pris l'habitude de dormir dans ma chambre et il a aussitôt alerté Chanut. Celui-ci a pris peur et a fait appeler un médecin. Ryer était absent et c'est Van Wullen qui est venu me voir. Je connais bien cet homme et je ne l'aime pas. Il a été lié à Voetius et il considère que mes idées sont dangereuses et fausses. Dès mon arrivée ici, il a prévenu les courtisans contre moi. La reine ne m'en a pas parlé, mais j'ai appris la chose par une indiscrétion de son bibliothécaire.

Van Wullen est partisan de la médecine d'autrefois. Il m'a examiné rapidement sans vraiment tenir compte de mes symptômes. Je crois que j'en sais plus que lui sur le corps humain et sur les maladies. J'avais mal au ventre et je l'ai interrogé sur le mécanisme de la digestion. À l'évidence, il n'y connaît rien. Je lui ai demandé s'il avait déjà pratiqué des dissections et il m'a regardé avec effarement. Son savoir est purement livresque, comme si les Anciens avaient détenu toutes les vérités. Je lui ai conseillé de se livrer à quelques expérimentations, mais il était incapable de m'écouter.

Van Wullen m'a prescrit des saignées pour chasser le sang mauvais. J'ai refusé ce traitement inutile et quand il est parti, j'ai simplement bu un bouillon très chaud. J'ai demandé ensuite qu'on m'apporte ma plume et du papier. Schlüter était épuisé et j'ai exigé qu'il aille se reposer. Il n'a pas opposé beaucoup de résistance et j'ai obtenu qu'il dorme dans sa chambre. Je voulais être seul.

Je sais que je vais mourir. Je suis dans mon lit et je mets un point final à ce testament. J'ai beaucoup de mal à écrire et je dois lutter pour mettre de l'ordre dans mes pensées. Ma vie n'aura été qu'une longue suite de polémiques, mais j'espère qu'elle n'aura pas été inutile. J'ai bataillé contre les savants et les théologiens pour faire reconnaître ma méthode et mes idées. Rien n'a été simple et beaucoup d'accusations ont été portées contre moi. J'ai été menacé et plusieurs fois condamné. Je n'ai pas échappé à la calomnie et mes ouvrages sont encore interdits dans de nombreux endroits. J'ai résisté aux pressions des autorités. La vérité était à ce prix et j'avais la chance d'être un homme libre.

Ma chambre est plongée dans le silence. La neige amortit tous les bruits. Le vent a disparu. J'ai de plus en plus mal au ventre et je dois lutter pour ne pas vomir. Après tout, j'ai peut-être été empoisonné. J'ai tenté d'appeler pour qu'on m'apporte à boire, mais ma voix ne porte pas. Je n'ai plus la force de me lever et je dois attendre que quelqu'un s'inquiète de ma santé. Ce sera trop tard. Toute vigueur m'abandonne et j'ai très peur de ces derniers moments.

J'arrête là. La fièvre empire et les nausées m'envahissent. Je remonte l'édredon sur mes épaules à la recherche d'un peu de chaleur. Il me faut encore souffler ma bougie. La nuit est noire. Je la devine derrière les rideaux épais. La seule chose qui me console, c'est la pensée de retrouver Francine. Ma fille chérie vaut tous les livres de philosophie. Pour la première fois peut-être je vais être en paix avec moi-même.

POST-SCRIPTUM

Adrien Baillet, curé et bibliothécaire érudit de l'avocat général Chrétien François de Lamoignon, publia en 1691 une biographie de Descartes. Son livre reste jusqu'à nos jours un des ouvrages de référence de la vie du philosophe. C'est une hagiographie et chaque étape de l'existence de Descartes est un moment édifiant chargé de montrer ses multiples qualités. Voici ce qu'il est dit de sa mort :

« Le cerveau se débarrassa sur la fin du septième jour, ce qui le rendit un peu plus le maître de sa tête et de sa raison. Alors, il commença à sentir la fièvre pour la première fois : il marqua la cause de l'erreur où il avait été jusque-là, et ne songea plus qu'à mourir en philosophe chrétien. Il se fit saigner deux fois de suite, fort abondamment, mais il n'était plus temps. Il fit chercher le père Viogué, son confesseur, qui était dans les exercices de sa mission à quelques lieues de Stockholm, et il pria ceux qui l'approchaient de ne le plus entretenir que de la miséricorde de Dieu, et du courage avec lequel il devait souffrir la séparation de son âme. Il demeura pendant les deux derniers jours dans une tranquillité fort grande et il mourut paisiblement entre les bras de l'Ambassadeur et du P. Viogué, le XI de février à quatre heures du matin, âgé de cinquante-trois ans, dix mois et onze jours. »

Geneviève Rodis-Lewis, spécialiste de la vie de Descartes, et souvent très critique à l'égard de la biographie de Baillet, reprend pourtant sans grande hésitation les principaux éléments qui caractérisent la mort du philosophe. On ne touche pas à Descartes, devenu au fil du temps la figure emblématique de l'esprit français.

Je doute pourtant que les choses se soient passées ainsi. Personne, bien sûr, ne sait comment un homme affronte la mort. Cet événement appartient à l'intime. Il est le secret le plus secret de tous les secrets.

Dans le cas de Descartes, on peut néanmoins supposer que ses dernières heures furent agitées. Ces vérités indubitables qu'il avait cherchées toute sa vie lui étaient tout à coup inutiles. Les vertiges de la fièvre, le souvenir obsédant de Francine, la nature tourmentée de son âme, la solitude effrayante de Stockholm, tout concourt à une agonie bien éloignée de celle décrite par Baillet.

Élisabeth de Bohême aurait été la seule à pouvoir lui apporter un peu d'apaisement. Mais Élisabeth était loin. Elle traînait sa mélancolie quelque part en Europe et se préparait à entrer dans les ordres. Elle finira sa vie comme abbesse de Herford. Je l'imagine volontiers punissant durement son corps la nuit dans sa cellule. La religion peut être sans pitié et Élisabeth avait trop de comptes à régler avec elle-même.

Une fois mort, Descartes n'en avait pas fini avec les polémiques. La reine voulait lui offrir une sépulture dans le temple de Riddenholm où reposaient les personnages illustres du royaume. Chanut s'y opposa et réussit à tenir tête à Christine de Suède. Il choisit le cimetière de Nord-Malmoe où étaient enterrés les catholiques, les enfants morts sans baptême et les pestiférés. Un tombeau provisoire fut érigé dans l'attente d'un monument définitif.

Puis la reine Christine abdiqua et se convertit au catholicisme. Elle oublia Descartes. Elle vécut désormais en Europe, épuisant quelques amants, se mêlant sans succès de politique et soutenant artistes et écrivains comme elle l'avait toujours fait. Elle mourut en 1689 à Rome et fut inhumée dans la crypte de la basilique Saint-Pierre.

Chanut pour sa part décéda en 1662. Le tombeau de Descartes fut laissé à l'abandon. L'histoire aurait dû s'arrêter là, mais, un jour, le trésorier général d'Alibert décida de faire transférer les restes de Descartes. La Suède donna son accord et le cercueil regagna la France en 1667. Il fut placé dans le caveau de l'abbaye Sainte-Geneviève à Paris.

Malheureusement, c'est un corps mutilé qui est rendu. Le crâne du philosophe est resté en Suède. Il ne reviendra dans sa patrie d'origine qu'en 1821, après avoir été vendu aux enchères. C'est le chimiste suédois Berzélius qui l'offrira à Cuvier, lequel le remettra aux autorités françaises. Il n'est pas sûr que ce soit le crâne authentique, mais il est présenté comme tel au musée de l'Homme où il se trouve exposé. Quatre ou cinq autres crânes revendiquent cependant d'être celui de Descartes.

Cette multiplicité de crânes n'a pourtant pas découragé François Fillon, alors Premier ministre, de tenter en 2009 de rapatrier le crâne du musée de l'Homme à La Flèche, qui se trouvait sur le territoire de sa circonscription. Un tollé politique l'obligea à renoncer à son projet. Descartes est un symbole et son crâne est encore capable de déclencher des passions.

Les restes de Descartes reposent aujourd'hui dans l'église de Saint-Germain-des-Prés. Un buste surmonte son tombeau, mais ce n'est pas le sien. C'est celui de Mabillon transféré là en même temps que lui. Décidément, Descartes n'a pas de chance avec la mort.

Sa juste place serait d'ailleurs au Panthéon, dont la vocation, si l'on en croit l'inscription de la façade, est d'accueillir les « grands hommes » à qui la patrie se doit d'être reconnaissante. Bien entendu, le projet a été étudié et le principe en a même été acté par la représentation nationale : c'était le 2 octobre 1793. L'instauration de la Terreur remit en cause cette décision. La cérémonie n'eut jamais lieu. L'Histoire était prise d'un accès de folie comme cela lui arrive à intervalles réguliers. Il n'était plus temps de rendre hommage à Descartes.

Depuis, l'idée d'une reconnaissance nationale resurgit de loin en loin. Rien pourtant ne se décide. Les hommes politiques prennent leur temps à choisir nos « grands hommes ».

Je n'ai pratiquement rien inventé dans *Le Testament de Descartes.* L'engagement dans l'armée, les rêves de Neubourg, la rencontre avec Hélène et la mort de Francine, les déménagements incessants, l'amitié avec le chevalier Digby, les nombreuses polémiques et le sentiment d'avoir été trahi par Beeckman et Regius, la mélancolie d'Élisabeth de Bohême, la solitude à Stockholm, les périodes d'exaltation et d'abattement qui se succédaient régulièrement, tout ceci est vrai et appartient à la vie de Descartes.

Ces éléments sont plus ou moins escamotés dans les biographies du philosophe. J'ai voulu leur rendre leur juste place afin de restituer la réalité d'une existence. Ce n'est pas la philosophie de Descartes qui m'intéresse, mais ce qu'il en était d'un homme dont la vie fut gouvernée par cette vaine passion qu'est la recherche de la vérité absolue.

Les nécessités romanesques m'ont cependant amené à créer quelques personnages, et en particulier ceux qui apparaissent sous leurs seules initiales : Marie de R. aimée à Paris, R. L. rencontré à Neubourg, le père C… qui encourageait à La Flèche le jeune Descartes à embrasser une carrière ecclésiastique. Ces personnages étaient utiles pour traduire l'atmosphère de l'époque et saisir quelques traits de la psychologie de notre philosophe. Ils ne sont pas vrais, mais ils sont vraisemblables et c'est là l'essentiel.

Descartes, avant de partir à Stockholm, avait pris soin de classer ses papiers et de n'emporter avec lui qu'un certain nombre de manuscrits et de lettres dont il ne voulait pas se séparer. Après sa mort, ses documents furent renvoyés en France. Malheureusement, le bateau qui les transportait coula dans la Seine et les papiers furent remis à Clerselier dans le plus grand désordre, après avoir été mis à sécher. Certains d'entre eux disparurent, ainsi que d'autres textes qui étaient restés en Hollande.

Le corpus cartésien se compose donc des quelques œuvres publiées du vivant de Descartes ainsi que des documents édités après sa mort et dont beaucoup furent découverts au fil des décennies. On y compte aussi des copies plus ou moins fiables, réalisées par Leibniz, de très nombreuses lettres (à Mesland, à Mersenne et à bien d'autres correspondants) et des textes de référence comme l'entretien avec Burman qui avait eu lieu en avril 1648.

Le testament de Descartes n'a toujours pas été retrouvé. Les esprits chagrins diront que c'est parce qu'il n'a pas été écrit. Je crois au contraire qu'il dort au fond d'une bibliothèque et qu'il n'attend que l'entêtement d'un chercheur pour être exhumé. Ce jour-là, on s'apercevra qu'il ressemble étrangement au texte que le lecteur tient d'ores et déjà entre ses mains.

Un dernier mot maintenant : il n'est pas sûr que l'on puisse écrire la biographie de quelqu'un si l'on entend par biographie le récit vrai d'une existence. Notre propre vie nous échappe quand nous cherchons à en relater les différents moments. Nous l'inventons pour partie en essayant de la raconter. Nos souvenirs font souvent défaut et le temps passé modifie la perception des événements. De manière plus ou moins consciente, nous comblons les lacunes de la mémoire.

Que dire alors de la vie d'un autre ? Comment comprendre ses motivations ? Comment traduire son état d'esprit, ses peurs et ses angoisses ? Il faut donc se garder de toute prétention et rester très modeste. La vérité d'un homme ne se laisse jamais saisir.

En ce sens, *Le Testament de Descartes* mérite bien l'appellation de « roman ».

Achevé d'imprimer en France par EPAC Technologies

N° d'édition: 4550414306618

Dépôt légal: août 2014